Barandun, *Erste Hilfe für die Künstlerseele*

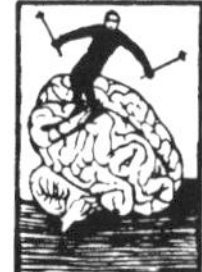

Christina Barandun, geb. 1974, ist Theaterwissenschaftlerin und Beraterin für Organisations- und Mitarbeiterentwicklung sowie betriebliches Gesundheitsmanagement in Theatern. Sie lebt in Bonn und arbeitet als Coach für Führungskräfte und Teams. In Verbindung mit Übungen aus der japanischen Kampfkunst Aikido gibt sie auch Seminare zu Stressbewältigung, Kommunikation und Konfliktlösung. (www.barandun.de)

Christina Barandun

ERSTE HILFE FÜR DIE KÜNSTLERSEELE

Stressbewältigung, Kommunikation und Konfliktlösung im Kulturbetrieb

Ein Ratgeber

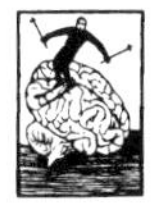

Alexander Verlag Berlin

For Yoshi and Daniela – thank you for your ›yes‹.

C. B.

Originalausgabe

Fredericiastraße 8, D-14050 Berlin
www.alexander-verlag.com | info@alexander-verlag.com

Lektorat/Redaktion: Christin Heinrichs-Lauer
Grafik/Layout/Umschlaggestaltung: Antje Wewerka
Illustrationen: Bettina von Keitz
ISBN 978-3-89581-488-4
Printed in the EU (June) 2026

INHALT

Vorwort

»Ich fühle mich nicht mehr so hilflos allen Widrigkeiten des Lebens ausgeliefert! Es ist ein gutes Gefühl, ›Werkzeuge‹ zu haben und damit die Chance, etwas zu verbessern, sich das Leben einfacher und freudiger zu machen!«, schrieb mir eine Chorsängerin nach einem Seminar, das ich in einem Theater zum Thema »Stressbewältigung« gegeben hatte.

Diese Rückmeldung machte mich sehr glücklich. In meinem Leben und in meiner Arbeit als Trainerin und Coach erlebe ich täglich im Umgang mit den verschiedensten Menschen, wie wir allein durch unser Denken, unsere inneren Sichtweisen und – in der Folge – durch unsere Ausstrahlung und unser Verhalten vieles bewirken können, auch wenn die Rahmenbedingungen noch so starr und widerborstig sein mögen. Dass Künstlerinnen und Künstler innerhalb der hierarchisch-starren Strukturen des Theaterbetriebs diese Wirkung erfahren konnten, bestätigte und beflügelte mich, mich noch intensiver auf die Zusammenarbeit mit Kulturinstitutionen zu konzentrieren.

Denn: Wenn wir unsere »deutsche Theater- und Orchesterlandschaft« erhalten wollen, müssen wir auch die künstlerischen Strukturen ins 21. Jahrhundert übertragen. Beneidet und bewundert von vielen, und von Deutschland für die internationale UNESCO-Liste des Immateriellen Kulturerbes nominiert,* ist

* Im April 2018 wurde der Antrag zur Nominierung der »Deutschen Theater- und Orchesterlandschaft« als Immaterielles Kulturerbe bei der

unser deutsches Theatersystem – schaut man genauer hin – seit Längerem in der Krise: Unterfinanzierung, hohe Krankheitsquoten und das Gefühl knirschender Überlastung – als würde es von einem Moment zum nächsten zusammenbrechen.

So radikal und zum Teil beängstigend der gesellschaftliche Wandel sich derzeit vollzieht, so spannend sind die neuen Perspektiven, die sich für die Gestaltung von kreativen Arbeitsplätzen auftun, wie beispielsweise sich selbst organisierende Unternehmen. Das Theater könnte hier Vorreiter für den kulturellen Bereich sein.

In den großen theaternahen Verbänden wird derzeit über Wege der Veränderungen intensiv nachgedacht. Auch in einzelnen Häusern werden erste strukturelle Veränderungen vorgenommen. Doch bis sie tatsächlich spürbar werden, leiden die Mitarbeiterinnen und Mitarbeiter, die Künstlerinnen und Künstler in den Theatern weiter.

Mit diesem Buch möchte ich Kunstschaffenden praktische Hilfen bieten, um jetzt und heute in den aktuell schwierigen Strukturen zu einer größeren Selbstwirksamkeit und Zufriedenheit zu finden. Gleichzeitig hoffe ich, dass diese wachsende Selbstwirksamkeit aller Teilnehmenden an den künstlerischen Prozessen im Theater den Wandel von innen heraus vorantreibt und als fruchtbarer Boden für die notwendigen Veränderungen dient.

UNESCO eingereicht. Die Entscheidung fällt im Jahr 2020. Bisher hat Deutschlands Theater- und Musiklandschaft nur einen Eintrag auf der deutschen Liste des Immateriellen Kulturerbes. (Siehe https://www.unesco.de/)

Einleitung: Warum ertragen, wenn ich gestalten kann?

Talentierte junge Künstlerinnen und Künstler*, die frisch von den Hochschulen ihr erstes Engagement im Theater antreten, bekommen meist einen regelrechten Kulturschock. Im Tagesbetrieb eines Theaters angekommen, ist die heilige Aura und der hehre Anspruch gemeinschaftlicher künstlerischer Kreationen rasch dahin, spätestens wenn kurz vor der Premiere komplette Szenen umgestellt werden, wenn die Älteren im Ensemble die eigene Machtposition subtil oder auch weniger subtil ausspielen, wenn gute neue Ideen nicht gehört oder im Keim erstickt werden, sich die ersten Ermüdungserscheinungen nach monatelangen durchgetakteten Probe- und Aufführungsterminen ohne Pause einstellen, man sich nur noch von Fast Food ernährt, wenn erste Versagensängste aufkommen, die ersten Blackouts eintreten und man nicht mehr weiß, wann man das letzte Mal die beste Freundin kontaktiert hat.

Der Betrieb »saugt einen langsam auf«, wobei man nicht, wie gehofft, auf der Wolke der kreativen Glückseligkeit lebt, sondern in der permanenten Überforderung irgendwie »überlebt«.

Die aktuelle Situation für Künstler an Theaterbetrieben kann nicht dramatisch genug geschildert werden. Das Argument »Au-

---

* Aus Gründen der Lesbarkeit wird im Folgenden meist die männliche Form verwendet, es ist jedoch immer die weibliche Form mitgemeint. (Anm. d. Red.)

gen auf bei der Berufswahl« hat sicherlich seine Berechtigung, wenn es um die künstlerspezifischen Anforderungen geht wie der Umgang mit Lampenfieber oder die abendlichen Arbeitszeiten, die einem regulären Familienleben eher im Wege stehen. Dennoch darf dieses Argument nicht als Freibrief für alle Missstände herhalten, wie schlecht belüftete, enge Proberäume, ungünstiges Führungsverhalten oder unnötige Zusatzarbeiten, weil die interne Kommunikation nicht funktioniert und kurzfristige Änderungen nicht bei allen angekommen sind.

Eine Flucht in die Selbstständigkeit ist keine Lösung, denn zum einen ändert das nichts am Theatersystem, das sich vor allem von innen her wandeln muss, zum anderen kennt auch in der freien Szene die Selbstausbeutung kaum Grenzen.

Wir als Gesellschaft, die Kunst erleben wollen, sollten nicht zulassen, dass sich Kunstschaffende für uns und um der Kunst willen ausbeuten und ihre Gesundheit aufs Spiel setzen. Der volkswirtschaftliche Schaden wäre enorm. Sowohl die Theaterbetriebe als Arbeitgeber als auch die Künstlerinnen und Künstler selbst sollten deshalb zu einem gesunden Selbstverständnis gelangen, dass auch sie Arbeitsbedingungen und -strukturen benötigen, in denen sie ihre ganze künstlerische Kraft entfalten und nachhaltig entwickeln können.

Glücklicherweise nehmen sich in den Theaterbetrieben die Verantwortlichen nach und nach dieser Zustände an. Wir stehen am Anfang eines vorsichtigen Umdenkens und Handelns, insbesondere weil mittlerweile auch die gesetzlichen Bestimmungen z. B. im Arbeitsschutzgesetz zur Gesunderhaltung der Arbeitnehmer verstärkt wurden; eine große Herausforderung für Theaterbetriebe, denn letztlich ist alles im Theater diametral entgegengesetzt zu einer im Gesundheitsschutz gewünschten »Work-Life-Balance«. Diese Tatsache war bislang auch der gerne angebrachte Grund, dass nichts geändert werden könne: »Im Theater geht das nicht. Da ist alles anders.« – Nun. Sicherlich.

Es ist anders, was allerdings guten Entwicklungen und neuen Veränderungen nicht im Wege stehen muss. Wo, wenn nicht an dem Ort, an dem in jeder Spielzeit unzählige Neuproduktionen erschaffen werden, sollten konstruktive Veränderungen möglich sein? In der Oper arbeiten bis zu zweihundert Menschen auf und hinter der Bühne zusammen, um in nur acht Wochen eine koordinative, kreative Höchstleistung zu vollbringen. Gerade in einem Umfeld, das komplexe Arbeitsstrukturen gewohnt ist, sollte es doch machbar sein, die Gesamtstruktur des Betriebes kreativ zu optimieren.

Betrachtet man die aktuelle Arbeits- und Organisationsentwicklung in der Wirtschaft, die sich seit einigen Jahren intensiv mit gesunden, motivierenden Arbeitsformen befasst, ließen sich sicherlich einige Ansätze auf das Theater übertragen. Nichtsdestotrotz müssen für den Kulturbetrieb mit der hohen Fluktuation künstlerischer Mitarbeiter spezifische Lösungen entwickelt werden.

Erste kleine Schritte zu einem Theater der Zukunft

Wenn das Theater die zunehmende Entmenschlichung der Gesellschaft kritisiert und auch eine gesellschaftliche Aufgabe erfüllen will, dann sollte es ein lebendiges Beispiel für diese Vision sein.

Die derzeitigen Strukturen im Theater lassen nicht zu, dass diese Vision umgesetzt wird. Es ist ein Prozess, der von allen Seiten und von oben und unten Offenheit und Kreativität voraussetzt, Qualitäten, die das Theater im Kern auszeichnen (sollte). Mit neuen Organisationsstrukturen wird bereits weltweit experimentiert, Stichworte dazu sind selbstorganisierende Unternehmen und Agilität.* Unsere gemeinsamen langfristigen Ziele im

---

* »Agilität ist die Fähigkeit von Teams und Organisationen, in einem unsicheren, sich verändernden und dynamischen Umfeld flexibel, anpas-

Theater sollten sein: die Rahmenbedingungen zu verbessern, die Selbstkompetenz der Einzelnen zu erhöhen sowie die Kommunikations- und Konfliktfähigkeiten zu erweitern, um nach und nach einen Rahmen zu schaffen, in dem Kreativität ihre volle Kraft entfalten kann und eine Arbeitsstruktur für das Theater entwickelt wird, die der Kunst dient – das Theater als Kunstschmiede, in dem sich das Was auch im Wie spiegelt:

Theater als künstlerisch-betriebliches Gesamtkunstwerk.

Um was es mir geht

Dieses Buch soll Impulse bieten, was wir als Einzelne im Theaterbetrieb dazu beitragen können, um verkrustete Strukturen aufzubrechen und in kreativitätsfördernde Arbeitsbedingungen zu verwandeln. Sicherlich lässt sich ein so komplexes System wie das Theater nur durch kleine aktive Schritte ändern. Umso wertvoller, wenn wir diese Herausforderung annehmen. Denn je mehr von uns diesen Weg gehen, desto größer wird die Wirkkraft. Und jeder Weg beginnt – wie wahr – mit dem ersten Schritt.

In diesem Buch gebe ich Ihnen Hintergrundwissen, Anregungen und praktische Tipps, wie Sie in Ihrem künstlerischen Alltag für sich sorgen und in Ihrem Rahmen Ihren Arbeitsplatz optimieren und möglicherweise eine neue Haltung zu Ihrer Arbeit fin-

---

sungsfähig und schnell zu agieren. Dazu greift Agilität auf verschiedene Methoden zurück, die es Menschen einfacher machen, sich so zu verhalten.« Aus: Svenja Hofert: *Agiler führen: Einfache Maßnahmen für bessere Teamarbeit, mehr Leistung und höhere Kreativität,* Wiesbaden: Springer Gabler, 2016; Kindle-Version, Kindle-Positionen 687–689. Des Weiteren sei auf das spannende Buch von Frederic Laloux: *Reinventing organizations* (München: Verlag Franz Vahlen, 2015) hingewiesen, das sich mit neuen Organisationsformen befasst.

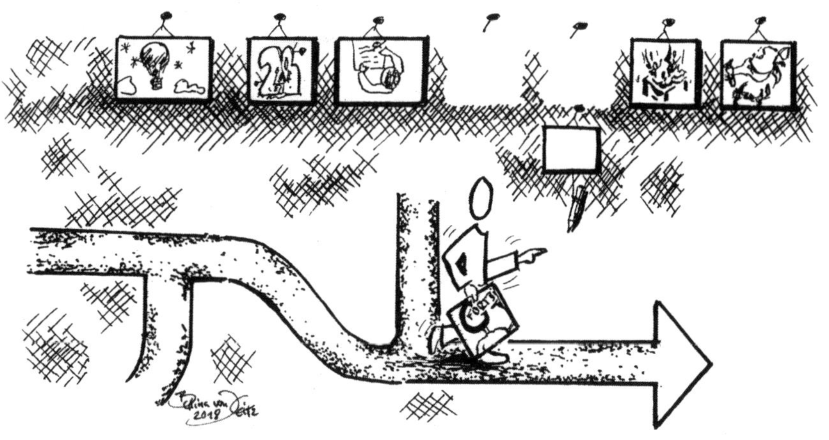

Wege zur Zufriedenheit

den können. Es geht darum, der künstlerischen Gestaltungskraft in uns einen geschützten Raum zu geben; einen Raum, in dem wir von unseren Ängsten, Eitelkeiten, Unsicherheiten, unserer Konfliktscheu oder Streitlust und sonstigen Schwierigkeiten im Umgang mit anderen lassen können und unserem inneren kreativen Potenzial wieder freie Bahn schenken können.

Im ersten Kapitel gehe ich auf den »Arbeitsplatz Theater« ein und beschreibe, wo wertvolle Potenziale liegen, um ihn für den Künstler kreativ und gesund zu gestalten. Um diese Potenziale zu entfalten, bedarf es der Selbstwirksamkeit, die im zweiten Kapitel beschrieben wird; dem Wissen darum, dass wir selbst viel mehr in der Hand haben, als wir oft meinen. Und um diese Selbstwirksamkeit zu unterstützen, folgen in den nächsten vier Kapiteln neben Hintergrundinformationen praktische Hinweise, Anregungen und Übungen, wie sich der anspruchsvolle, kommunikationsreiche Alltag entspannter, gesünder und letztlich effektiver gestalten lässt. Ich zeige, welches kreative (Gehirn-)

Potenzial wir noch ausschöpfen können, um gekonnt mit Stress umzugehen, beschreibe Techniken zur Stressbewältigung und erläutere, wie Kommunikation gelingen kann und wie Sie Konflikten und Auseinandersetzungen begegnen sollten.

Im abschließenden Kapitel möchte ich nochmals die Idee des Genies hinterfragen und zu der Haltung eines ganzheitlichen Kunsthandwerks motivieren. Eine Haltung, die ebenso kreativ, umfassend, bewegend, berührend, spirituell und politisch sein kann, allerdings kein sich schnell verbrennendes Künstlerfeuer verlangt, sondern durch kontinuierliche, gesunde Arbeit an sich selbst geprägt ist und die das Geschenk der eigenen künstlerischen Kreativität wertschätzt.

Neben konkreten praktischen Übungen in den Kapiteln 4, 5 und 6 sind am Ende jedes Kapitels Anregungen und Hinweise aufgelistet, die sich auf die Themen und Inhalte des vorangegangen Textabschnitts beziehen. Bereits an dieser Stelle bitte ich Sie, bloß nicht alle Übungen und Anregungen auf einmal umsetzen zu wollen. Das geht nicht und demotiviert nur!

Daher ist mein erster Tipp: Lassen Sie sich von Ihren Interessen leiten. Suchen Sie sich zunächst nur eine Übung aus dem Buch heraus und schauen Sie, was sich verändert. Erfahrungsgemäß ergibt sich aus dem ersten Schritt ein logischer zweiter. Da alles miteinander zusammenhängt, wird eine positive Veränderung an einer Stelle sich automatisch auch auf alles andere auswirken.

Eine abschließende Anmerkung: Vordergründig beziehe ich mich auf die »ausführenden Künstler« und deren »Kunst«, auch in den Beispielen, da einige inhaltliche Themen etwas anders gelagert sind als in den ebenso wichtigen technischen und Verwaltungsbereichen. Doch für mich steht fest: Alle Mitarbeiter eines Kulturbetriebes sind Kunstschaffende. Alle gehören einer großen besonderen Gemeinschaft an, die Kunst kreiert und ermöglicht, und alle verdienen gleichermaßen Wertschätzung und Anerkennung. Ich bin mir sicher, dass auch die nicht explizit angesprochenen Bereiche die Tipps in diesem Buch aufgreifen und umsetzen können.

Ich wünsche Ihnen von Herzen viel Freude bei Ihrer persönlichen Entdeckungsreise!

Kapitel 1:

Der Theaterbetrieb – viel Potenzial für Gesundheit

Werfen wir zunächst einen Blick auf das ganze Ausmaß des künstlerischen Treibens hinter den Theaterkulissen und deren Herausforderungen, die uns jeden Tag jenseits der Pforte begegnen. Mit dem Blick auf den Theaterbetrieb als Arbeitsumfeld können wir in einem nächsten Schritt genauer feststellen, wo Potenziale zur Veränderung und zur Gestaltung eines gesünderen kreativen Arbeitsplatzes vorhanden sind.

Das Dilemma des Künstlers

In Theaterbetrieben befinden sich Künstler in einem Dilemma. Sie sind eingezwängt zwischen einer kreativen, feinfühligen Arbeitsaufgabe und den oft zermürbenden Rahmenbedingungen. Wie die Abbildung zeigt, müsste der feinfühlige Künstler gleichzeitig ein »dickes Fell« haben; im Grunde also künstlerisch sensibel und gleichzeitig menschlich stark sein. Dass das funktioniert, ist unbestritten. Nur wird ein »dickes Fell«, worunter ich in seiner positiven Ausprägung ein geerdetes Selbstbewusstsein, gelassene Souveränität, hohes empathisches Vermögen, einen wertschätzenden höflichen Umgang miteinander und eine gute Konfliktfähigkeit verstehe, weniger intensiv entwickelt als eine oft überbordende Sensibilität. Wie der Kommunikationswissen-

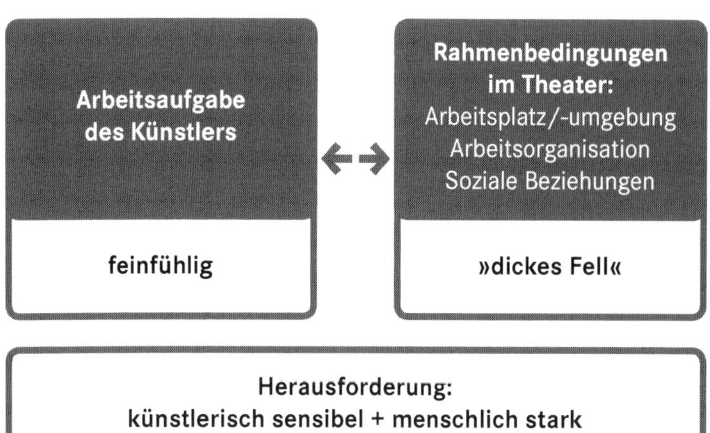

Das Dilemma des Künstlers

schaftler Friedemann Schulz von Thun in seinem Werte-Quadrat* beschreibt, wandelt sich jede einseitig geförderte Tugend oder Qualität in eine entwertete Übertreibung, wenn nicht die entsprechend ausgleichende Schwesterntugend gefördert wird.

Übertragen auf den Künstler heißt das: Wird ausschließlich die Sensibilität und das auf sich selbst gerichtete Empfindsame gefördert, entwickelt sich ein egozentrischer Gefühlskloß, der nur mit Samthandschuhen berührt werden darf. Umgekehrt wird ein mit allzu dickem Fell versehener Künstler starr, unflexibel, gleichförmig und farblos wirken und das Publikum wenig emotional berühren – wie eine zwar verlässliche, aber künstlerische Dampfwalze.

Diese beiden Schwesterntugenden des Künstlers, das »Feinfühlige« und das »menschlich Starke«, gilt es ergänzend auszubilden.

---

* Siehe Friedemann Schulz von Thun: *Miteinander reden*, Band 2: *Stile, Werte und Persönlichkeitsentwicklung*, Hamburg: Rowohlt, 2008, S. 40–43.

Da das Erstere im jeweiligen künstlerischen Ausbildungsweg intensiv entwickelt wird, geht es in diesem Buch um die andere Seite: um das »menschlich Starke«.

Die herausfordernde Arbeitsaufgabe des Künstlers

Worin besteht die Arbeitsaufgabe des Künstlers und welche Herausforderungen bringt sie mit sich? Die größte Herausforderung, der beispielsweise ein Schauspieler ausgesetzt ist, liegt darin, dass er sich selbst als Arbeitsinstrument nutzt. Auf der Bühne steht nicht ein Kunstwerk aus Stein, Stahl oder Holz, sondern ein Mensch mit Ausstrahlung, Persönlichkeit, einem Körper und einer Psyche. Die Rolle wird durch die eigene Person dargestellt. Es geht gar nicht anders, als dass das Persönliche mit einfließt. Erfahrungen aus dem privaten Leben werden damit automatisch auf der Bühne als Arbeitsstoff verwendet. Zudem, aus neurobiologischer Sicht betrachtet, ist eine Emotion eine Emotion, auch wenn sie gespielt ist. Wie die Embodiment-Forschung, die Forschung der Wechselwirkung von Körper und Psyche, zeigt, kann auch eine gespielte gute Stimmung, selbst ein künstliches Verziehen des Gesichts zu einem Lächeln, ein entsprechend positives Gefühl auslösen, bzw. die körperliche Darstellung negativer Gedanken kann negative Gefühle erzeugen.

Gefühle auf der Bühne und reale Emotionen lassen sich nicht trennen – außer man nimmt lediglich entsprechende Körperhaltungen als Projektionsfläche für das Publikum ein, wie es beispielsweise in asiatischen Schauspieltraditionen der Fall ist, in denen der Körper im Fokus steht.* Doch selbst hier werden Emotionen ausgelöst.

---

* Yoshi Oida: »Indem der Spieler die Bewegung bewußt einfach gestaltete und sich geistig intensiv auf diese physische Aufgabe konzentrierte, gab

Diese Arbeit wird als belastend empfunden, wenn der Darsteller in einer Inszenierung entgegen seiner eigentlichen Emotion fühlen muss, zum Beispiel wenn er nicht hinter der Interpretation steht. Ebenso ist es auf Dauer eine Belastung, unter hohem Druck punktgenau wiederholt negative Gefühle darstellen zu müssen.

Dieser hochemotionale Einsatz der Psyche ist das Grundarbeitsmittel von Künstlern, jedoch wird ein gesunder, selbstschützender Umgang damit selten in den Ausbildungsstätten oder an den Theaterbetrieben thematisiert und noch seltener aktiv trainiert. Ganz im Gegenteil: Der Fokus liegt oft auf der »Entblößung« der eigenen Psyche, der gerne mit dem Argument der notwendigen künstlerischen Grenzüberschreitung gekoppelt wird.

Ich möchte an dieser Stelle einen Vergleich mit der japanischen Kampfkunst Aikido anbringen, deren Körperübungen vielen Schauspielern bekannt sein werden und die ich selbst seit vielen Jahren praktiziere und unterrichte: In den Kampfkünsten, in denen es ebenso zentral um den Umgang mit Emotionen geht – allerdings ausschließlich den negativen wie Ängsten, Unsicherheiten und Aggressionen –, wird im Training dieser Umgang mit der Psyche immer wieder thematisiert. Auch in meinem Unterricht lege ich großen Wert auf eine klare Selbsteinschätzung und Wahrnehmung der eigenen psychischen Verfassung und dem Umgang mit ihr. Denn es kann hochgefährlich werden, die eigene Psyche nicht im Griff zu haben. Wie schnell ist eine Schulter gebrochen, ein Arm ausgerenkt, der Hals verdreht. Das Training des Aikido hat mir in seiner Extremsituation vor Augen geführt, wie sehr wir uns selbst und andere durch einen

---

er den Zuschauern genügend Raum für eigene Vorstellungen. Durch die von ihm geschaffene ›Leere‹ konnten sie an seinen Bewegungen ablesen, was immer sie wollten.« (In: Yoshi Oida, *Zwischen den Welten*, Berlin: Alexander Verlag, 1993, S. 28.)

unbewussten Umgang mit unseren Emotionen schädigen können, gleichzeitig hat es mir aber auch gezeigt, welch enormes Energiepotenzial sich eröffnet, wenn wir unsere Emotionen im Griff haben, oder zumindest gut mit ihnen umgehen können.

Während es in den Kampfkünsten um das Trainieren der eigenen Psyche geht, ist die Herausforderung eines Schauspielers noch größer: Er muss seine Psyche und die von ihm gekoppelte Rollenpsyche trennen und sie dennoch als gegenseitige Befruchtung durchlässig halten. Ist diese enorme geistige Leistung nicht trainiert oder über die Jahre mit den sich wandelnden Herausforderungen und den Erfahrungen nicht weiter ausgebildet worden, ist es nicht verwunderlich, wenn sich ein schwankendes Selbstwertgefühl einstellt. Mache ich mir die Rolle zu eigen und zieht sie mich runter, nehme ich diese negative Stimmung mit in meinen Alltag. Ist die Rolle an einem Abend erfolgreich, bin ich in Höchststimmung. Floppt sie, deprimiert mich dies ebenso, auch wenn es möglicherweise nicht an der Rolle, sondern an einer subjektiven Haltung des Publikums lag. Wenn ich mich mit meiner Rolle komplett identifiziere, fühle ich mich auch als Privatperson in meinem Selbstwert getroffen.

Das Arbeitsinstrument von der Person zu trennen, ist im künstlerischen Bereich schwer, da das Arbeitsinstrument die Person selbst ist. Umso mehr – gerade unter den derzeit wenig förderlichen Rahmenbedingungen eines Theateralltags – müssen die Künstlerinnen und Künstler täglich auf den gekonnten Umgang mit ihrer Psyche achten.

Mythos des leidenden Künstlers

Gerne möchte ich noch mit einem anderen Mythos aufräumen, der in der Kunstwelt herumgeistert und oft genug als schlagendes Argument angeführt wird, warum ein gewisser grenzüberschreitender Druck herrschen müsse: Um erfolgreich zu sein, müsse der Künstler *leiden.*

Jeder, der in irgendeiner Weise kreativ arbeitet, weiß genau, wie wenig kreativitätsfördernd beispielsweise Existenzangst ist oder die Sorge, die Miete nicht zahlen zu können. Wenn ein Künstler das verdrängen kann und dennoch kreativ ist, dann geht es um seine geistige Leistung, *trotz* widriger Lebensumstände erfolgreich zu sein. Es gibt allerdings unzählige andere, die an diesem Leiden zugrunde gegangen sind, die derart blockiert waren, dass sie keine Chance hatten und ihre innere Kreativität nie entfalten konnten. Allerdings finden jene nur wenig Beachtung in unserer Gesellschaft.*

Natürlich darf und soll ein Künstler gefordert werden, und solange es eine belebende Art der Herausforderung in einem geschützten Rahmen ist, werden sich gerade kreative Menschen mit großer Lust öffnen. Doch die Vorstellung, das Talent und die Begabung, die wir als Künstler geschenkt bekommen, könne sich nur entfalten, wenn wir uns in Melancholie, Verzweiflung und Düsternis wälzen und *leiden*, ist schlichtweg falsch und zerstört den Künstler als Kreativquelle eher, als dass es ihn gezielt zur Reife bringt. An diesen Erlebnissen reift er nur, wenn er viel psychische Widerstandskraft aufbringt.

Wenn sich ein Dirigent oder eine Regisseurin über eine Sängerin oder einen Schauspieler aufregt, die/der sich vermeintlich zu wenig einbringt, und über Beleidigungen auf verachtende Weise Druck aufbaut, dann zeugt das nicht von Können, sondern schlicht von schlechtem Führungsstil und mangelnder

* Vgl. sogenannte »FuckUp Nights«, an denen gescheiterte Existenzgründer über ihr Scheitern sprechen. Das Ziel ist es, aus den Fehlern gegenseitig zu lernen und gleichzeitig ein realistisches Bewusstsein für das Risiko zu entwickeln. Da im Allgemeinen mehr und ausgiebiger von den Erfolgsgeschichten berichtet wird, entsteht eine falsche Wahrnehmung.

Menschenkenntnis. Die neuere Motivations- und Kreativitätsforschung belegt, wie wenig Ängste und Depressionen förderlich sind. Für kreatives Arbeiten braucht es bei aller Nähe zum grenzüberschreitenden, flexiblen Denken keinen Geist, der von Ängsten oder Anspannung so gelähmt ist, dass er nichts mehr ordnend und strukturierend zustande bringt. Ebenso wenig benötigt es einen Geist, der träge und müde ist.

Zweifellos gibt es den einen oder anderen Chorsänger oder auch Orchestermusiker, der nicht zum Gelingen des Werkes beiträgt. Doch hier liegt eher ein strukturelles Problem zugrunde. Oftmals fühlen sich Chorsänger und auch Orchestermusiker, die als Solisten ausgebildet wurden, unterfordert und wenig wertgeschätzt. Wenn die Leistung abnimmt, nützen Druck und Beleidigungen auf künstlerischer Ebene wenig. Mit dem Mangel an Motivation umzugehen, ist eine klassische Führungsaufgabe, die zwischenmenschliche Fähigkeiten und grundlegendes Wissen in Organisationspsychologie voraussetzt – Fähigkeiten, die bislang in Theaterbetrieben im künstlerischen Bereich noch zu wenig ausgebildet werden.

Und ja: Augen auf bei der Berufswahl! Ein Künstlerleben ist ein Leben zwischen den Extremen. Umso mehr erfordert es Techniken der Absicherung; wie ein Bergkletterer, der Seile und Haken mitnimmt, um sein Leben und seine Gesundheit zu schützen. Genau hier sollten wir genauer hinschauen und neue Wege suchen, wenn wir die künstlerische Schaffenskraft in der Gesellschaft erhalten, ja uns Kunst überhaupt leisten wollen. Warum soll es nicht möglich sein, die künstlerischen Rahmenbedingungen derart auszubalancieren, dass die psychische Stabilität unserer Künstlerinnen und Künstler erhalten bleibt und dabei ihre flexible Brillanz nicht verloren geht?

Leiden ist kein Garant für Erfolg, und wenn der erhoffte Erfolg ausbleibt, bleibt dem Künstler wenigstens die Gesundheit.

Ist Kunstfreiheit wirklich grenzenlos?

Ein weiterer gerne verwendeter Machthebel kreativer Führungskräfte ist die vielbeschworene Kunstfreiheit, nach dem Motto: Ein Dirigent oder eine Regisseurin darf sich im Namen der Kunstfreiheit alles erlauben: Pulte werfen, verbal angreifen, den meist negativen Emotionen freien Lauf lassen. Diese zentralen Figuren einer Produktion können ein ganzes Haus von mehreren Hundert Mitarbeitern in Atem, manchmal gar in Schrecken halten. Ob »Stars« oder nicht, den künstlerischen Führungspersonen wird viel Macht gegeben unter dem Deckmantel der Kunstfreiheit. Und selbst wenn partnerschaftliches Kunstwollen als Ideal behauptet wird, gibt es im Zweifelsfall immer den einen Kunstwillen, dem letztendlich alle zu folgen haben. Denn wie sollte man die Arbeitsweise eines vermeintlichen Genies eingrenzen können?

Hier werden zwei Aspekte vermischt – das Bühnenwerk und der Proben- bzw. Schaffensprozess. Was auf der Bühne sichtbar wird, ist eine Sache. Das Werk selbst soll künstlerisch frei sein, auch wenn die Kunstfreiheit natürlich durch die anderen Grundrechte wie Unversehrtheit der Person eingeschränkt ist.

Ganz anders steht es um den Schaffens- und Probenprozess. Diese künstlerische Zusammenarbeit unterliegt eindeutig dem Arbeitsschutz und seinen Bestimmungen. Und an dieser Stelle sticht die Maßgabe, dass keine psychische Gefährdung der Mitarbeiter erfolgen soll. Denn der Arbeitsprozess und der Schutz der körperlichen und vor allem psychischen Gesundheit der Arbeitnehmer darf auch nicht in den Kunstbetrieben ausgehebelt werden.

Natürlich darf und soll niemand den künstlerischen Prozess einschränken. Betrachtet man den betrieblichen Alltag, dann wird mit diesem Vorwurf einiges romantisiert. Am Ende des Tages ist Theater oder Oper ein Handwerk, nicht nur hinsichtlich Bühnenbild und Technik, sondern auch hinsichtlich der Erarbeitung von Texten oder Partituren. Dieses Handwerk erfordert klar geregelte Abläufe, zeitliche Fristen und nüchterne Anweisungen. Wenn diese nicht eingehalten oder die entsprechenden Informationen zu spät geliefert werden, wenn im letzten Moment alles verändert wird und ideenreiche Neugestaltungen in der letzten Probenwoche verlangt werden, die einen logistischen Mammutaufwand und personelle Überforderung auf der Bühne und hinter den Kulissen erfordern würden, dann wird die künstlerische Führungskraft, wie beispielweise die Regisseurin, dem Arbeitsbetrieb des Theaters, für den sie etwas kreiert, nicht gerecht. Sie setzt mit diesem Verhalten eine gesamte Organisation unter unnötigen Druck.

Daher soll hier nochmals ein Bewusstsein geschaffen werden sowohl für die Verantwortung der künstlerischen Führungskräfte als auch für die Rechte und Abgrenzungsmöglichkeiten der Mitarbeiter, die in das feste zeitliche und organisatorische Korsett eines Theaters eingebunden sind.

Der tägliche Theaterwahnsinn

Nicht nur die Arbeitsaufgabe des Künstlers an sich, auch die Rahmenbedingungen im Theater haben es in sich. Manchmal staune ich, dass Premieren tatsächlich stattfinden. Wie eine Sisyphusarbeit wird eine Produktion mit viel Anstrengung, unter Druck, Stress, Schweiß und Tränen auf die Bühne gebracht. Solange Außenstehende – und dies ist die Projektionsfläche Theater – nur die in der Vorstellung dargebotene kreative Leichtigkeit sehen, mag noch alles gut sein. Doch leider zeigt sich die Anstrengung oft auch auf der Bühne. Spätestens dann, wenn eine Hauptdarstellerin mitten im Monolog ohnmächtig wird.

Arbeitsplatz und Arbeitsorganisation

Betrachten wir einmal die äußeren Umstände, unter denen Künstler arbeiten müssen.

Das tägliche Berufsleben im Orchester ist ein Albtraum für die Ohren: Bereits 30 Prozent der unter 35-jährigen Musikerinnnen und Musiker sind hörgeschädigt.* Auch im Chor ist der Probenalltag eine Herausforderung. Täglich sitzen vierzig bis sechzig Personen Stuhl an Stuhl nebeneinander und arbeiten über mehrere Stunden kollektiv zusammen. Die engen Gemeinschaftsgarderoben bieten kaum Rückzugsmöglichkeiten während der Pausen.

Der Zeitdruck, unter dem gearbeitet wird, ist ungewöhnlich hoch: In jeder Spielzeit entstehen in großen Häusern nicht nur viele Neuinszenierungen, sondern viele Produktionen werden auch wieder aufgenommen. Die Städtischen Bühnen Frankfurt am Main beispielsweise produzierten in der Spielzeit 2013/14 34 Neuinszenierungen im Schauspiel und 13 im Musiktheater bei 96 Inszenierungen insgesamt.**

Jede Produktion hat oft nur sechs bis acht Wochen Probezeit. Eine vielfältige Verzahnung von höchst unterschiedlichen Gewerken wie Beleuchtung, Bühne, Ton, Maske und Kostüm gilt es mit den verschiedenen künstlerischen Anforderungen und Gruppierungen in Einklang zu bringen. Es bleibt wenig Zeit, um zu testen, zu optimieren, auszubauen. Kontinuierlich wird mit der heißen Nadel gestrickt. Improvisationskünste sind gefragt, die sicherlich in gesundem Maße gerade Künstler als inspirie-

---

* Siehe Studie »Älter werden im Orchester. Eine empirische Studie zu Erfahrungen, Einstellungen, Performanz und Lebensperspektiven von professionellen Orchestermusikern« von Heiner Gembris und Andreas Heye, Universität Paderborn 2012.

** Siehe Theaterstatistik des Deutschen Bühnenvereins 2013/2014 (Köln), S. 46.

rend und denkerweiternd empfinden. Ist Improvisation jedoch ein Dauerzustand, um nicht besetzte Stellen, ungünstige Organisationstrukturen und interne Kommunikationsschwächen ausgleichen zu müssen, dann wirkt diese Haltung erschöpfend und ausbrennend. Ständig Terminen hinterherzurennen und nie das Gefühl zu haben, eine Arbeit dem eigenen Qualitätsstandard entsprechend und vor allem bis zum Ende ausgeführt zu haben, unterbindet die Kreativität, wie das Kapitel über Stress zeigen wird. Vor allem verringert sich das tiefe Gefühl der Zufriedenheit, aus dem Kunstschaffende viel Motivation schöpfen, eine Quelle, die besonders wichtig wird, wenn andere Motivationsfaktoren wie Aufstiegschancen oder berufliche Weiterentwicklung fehlen.

Belastend sind ebenso die wenig sichere, oft nur befristete Vertragssituation und die schlechte Bezahlung bei hohen Überstunden. Ebenso die unsozialen Arbeitszeiten mit den Proben am Vormittag und den Aufführungen am Abend bzw. den Schichtdiensten, vor allem an den Wochenenden. Familie und Freunde werden oft vernachlässigt, Hobbys können nur bedingt gepflegt werden. Es kommt zu einer theaterinternen Kultur, die wiederum die belebenden Impulse von außen damit ausschließt.

In einigen Häusern kommt der Tourneebetrieb hinzu, mit den ihn begleitenden schlechten Aufführungs- oder Probebedingungen. Doch auch die Bedingungen im eigenen Haus, wie fehlende Rückzugsmöglichkeiten, können Stress auslösen. Oft fehlt eine gute Kantine. Dabei wäre ein gemeinsamer Treffpunkt, der zu den theatertypischen Zeiten gutes und gesundes Essen anbietet, besonders wichtig.

Soziale Strukturen und Beziehungen

Das Theater wird gerne – intern als auch extern – als letzte Hochburg der Diktatur in Deutschland beschrieben.* Starre, historisch gewachsene hierarchische Strukturen definieren das Theatersystem. Auch das Intendantenkarussell trägt zu der Erstarrung bei.

Während ein Intendantenwechsel sicherlich seine Berechtigung hat und der jeweiligen Stadt und dem Haus guttun kann, findet er oft zu schnell und zu radikal statt (die gesamte künstlerische Leitung und ein Großteil der Ensembles werden ausgetauscht).

Der rasche Wandel verbunden mit wenig Sinn und Verständnis für die Wirkung eines so radikalen Wandels auf die Struktur des gesamten Betriebs und eines gezielt gelenkten Organisationsentwicklungs- oder Change-Prozesses mit den entsprechenden Instrumenten** führt zu einem mehr oder weniger großen Widerstand der langjährigen Beschäftigten.

Denn bis man Strukturen in ihren Wurzeln lösen kann, braucht es oft Jahrzehnte und ein hohes Bewusstsein für gesunde organisatorische Wandlungsformen bei der Theaterleitung, die auf Vertrauen beruhen. Und Vertrauen benötigt Zeit. So bleibt am Ende oft nur ein diktatorisches, machtvolles Auftreten, um die eigenen Ideen durchzusetzen. In diesem Sinne tragen häufige Intendantenwechsel zur Beruhigung und nachhaltigen Ausrichtung eines bereits an sich aufgeheizten Betriebs nur wenig bei.

Auch die Beziehungen untereinander sind selten von Teamgeist geprägt. Aufgrund des schwierigen Arbeitsmarkts herrscht innerhalb der Ensembles enormer Konkurrenzdruck. Während Solisten sich als Einzelkämpfer erleben, sehen sich beispielsweise die Chormitglieder nur als Einheitsmasse. Sie fühlen sich als einzelne Künstler wenig wertgeschätzt und unterfordert, andererseits werden sie von anderen wegen des sicheren Arbeitsplatzes beneidet. In diesen Ensembles entstehen klassische Gruppendynamiken mit schwelenden Konflikten, die nicht aufgelöst und

---

* Siehe dazu u. a. den Artikel unter www.sueddeutsche.de/kultur/bayerische-staatsoper-der-intendant-ich-bin-das-theater-1.971517.

** Siehe Simon Werther/Christian Jacobs: *Organisationsentwicklung – Freude am Change*, Kapitel 8: »Erfolgsfaktoren der Organisationsentwicklung«, Berlin/Heidelberg: Springer, 2014, S. 139.

oft über Jahrzehnte gepflegt und weitervererbt werden, sodass neue Mitglieder in den Sog des Alten gezogen werden. Auch Senioritätskonflikte oder die Angst der Älteren vor den Jungen und ihren noch in voller Gänze vorhandenen Fähigkeiten beeinflussen das Klima.

Ein anderes großes Feld, über das sich jedes Haus beklagt, ist die Kommunikation – sowohl intern in der Gruppe als auch mit anderen Bereichen des Theaterbetriebes. So werden zum Beispiel Vertretungen nicht auf dem Laufenden gehalten, oder Anweisungen müssen immer wieder neu gegeben werden. Auch sind vielen Künstlern die technischen Abläufe im Hintergrund und der enorme Zeitdruck, den eine gewünschte Änderung auslöst, nicht bewusst.

Wenn dann in diesem vielschichtigen Produktionswahnsinn der Verwaltungsbereich, der sich um Arbeitsverträge und viele lebensnotwendige Belange der Künstler kümmert, aus dem städtischen Umfeld kommt und lediglich in »normalen« Kategorien und Arbeitszeiten denkt, die sich nicht mit den Präsenz- und Pausenzeiten der Künstler am Haus deckt, verschärfen sich die empfundenen Belastungen.

Was muss sich also ändern und vor allem: Wie können wir es ändern?

Gesundheitsschutz als Chance

Dem Theaterbetrieb mit diesen komplexen Herausforderungen kommt nun die intensive Entwicklung der letzten Jahrzehnte in den Bereichen der Personal- und Organisationsentwicklung zugute, die der Gesundheit am Arbeitsplatz zunehmend Bedeutung beimisst. Denn auch in Wirtschafts- und sozialen Betrieben haben Arbeitsverdichtungen und steigende Anforderungen zu erhöhten Krankheitsausfällen und nachlassender Leistungsfähigkeit der Mitarbeiter geführt. Forschungsfelder wie Gesundheitsförderung und das Gesundheitsmanagement entstanden, brachten neue Erkenntnisse hervor (z. B. eine verschärfte Gesetzgebung des Arbeitsschutzes) und entwickelten praktische Methoden, auch für Theaterbetriebe.

Was ist Gesundheit?

Ist von Gesundheitsschutz oder -management die Rede, stellt sich in diesem Zusammenhang die Frage: Was ist Gesundheit überhaupt?

Gesundheit wird von den meisten von uns als das Fehlen von Krankheit wahrgenommen. Die Weltgesundheitsorganisation hat in ihrer Verfassung von 1948 den Gesundheitsbegriff eindeutig weitergefasst: »Gesundheit ist ein Zustand des vollständigen körperlichen, geistigen und sozialen Wohlergehens und nicht nur das Fehlen von Krankheit oder Gebrechen.«*

Der bisherige Fokus auf das rein körperliche wird um das geistige und soziale Wohlbefinden erweitert. Diese Erweiterung wurde zum Abschluss der Ersten Internationalen Konferenz zur Gesundheitsförderung von der WHO 1986 mit inhaltlichem Leben gefüllt, in der sogenannten Ottawa-Charta. Es wurden sieben Grundbedingungen für Gesundheit definiert: ein stabiles Selbstwertgefühl, ein positives Verhältnis zum eigenen Körper, Freundschaften und soziale Beziehungen, eine intakte Umwelt, sinnvolle Arbeit und gesunde Arbeitsbedingungen, Gesundheitswissen und Zugang zur Gesundheitsversorgung, eine lebenswerte Gegenwart und die begründete Hoffnung auf eine lebenswerte Zukunft. Alles Aspekte, die weit über ein physisches Wohlbefinden hinausgehen und dem psychosozialen Bereich mehr Gewicht für Gesundheit einräumen.

Die entscheidende Veränderung, die nicht genug betont werden kann, ist der Haltungswandel: Das Augenmerk liegt nicht

---

* Verfassung der Weltgesundheitsorganisation, Stand 8. Mai 2014, 2. Abschnitt.

mehr auf der Abwehr von Krankheit, sondern auf dem Erhalt des Wohlergehens.*

Arbeitsschutz – dein Freund und Helfer

Damit ist auch ein gesellschaftlicher Auftrag für die einzelnen Betriebe entstanden.

Auftritt: der betriebliche Arbeitsschutz.

Wer im Theater gerade vor Künstlern den Arbeitsschutz mit seinen Bestimmungen erwähnt, erntet schnell ein genervtes Stöhnen oder Augenrollen. Mit diesem Thema verschärft sich gerne der (leider noch) natürliche Graben zwischen Kunst und Technik. Die Fachkräfte für Arbeitssicherheit kommen meist traditionell aus dem technischen Bereich, in dem der klassische Arbeitsschutz naturgemäß angesiedelt ist, denn er kümmerte sich bisher primär um die physische Unfallverhinderung wie herunterfallende Bauten. So werden die Fachkräfte für Arbeitssicherheit von den Kunstschaffenden oft als verständnislose Kunstbanausen wahrgenommen, die die Umsetzung von grandiosen Ideen mit ihren Einschränkungen und Verboten verhindern wollen.

Auf allen Fachtagungen für Arbeitssicherheit, die ich besucht habe, bin ich immer wieder berührt davon, mit welcher Akribie und Leidenschaft die technischen Mitarbeiterinnen und Fachkräfte für Arbeitsschutz sich der Sicherheit auf und hinter der Bühne widmen. Ich erlebe viele engagierte Menschen, die sich Gedanken machen, wie sie technisch Unmögliches umsetzen und dabei noch die Gesundheit und Sicherheit garantieren können. Es sind in ihrer Art beeindruckende Künstler, die höchste Wertschätzung für ihre Arbeit verdienen und die ebenso wie die künstlerischen Mitarbeiter unter mangelnder Anerkennung für diese Arbeit leiden.

---

* Siehe auch Pathogenese (Pathos = Leiden[schaft], Sucht; Genesis = Entstehung) versus Salutogenese (Salus = Gesundheit).

In einer noch intensiveren Zusammenarbeit mit diesen Arbeitsschützern, denen es vor allem um das Wohlergehen der Künstlerinnen und Künstler auf der Bühne geht, liegt eine große Chance, die wir alle ergreifen können, um neue und »gesunde« Lösungen zu finden für das Wohl aller Beteiligten und für beeindruckende künstlerische Leistungen – gerade dank Sicherheit. (Ein Beispiel aus der Theaterpraxis: Das fachmännische Training eines Stuntmans in einer Produktion konnte waghalsige schauspielerische Aktionen in einem gefährlichen Bühnenbild erst ermöglichen und den Schauspielern, ohne sie zu gefährden, zu besseren Leistungen verhelfen.)

Wenn uns die Belastungen psychisch überfordern

2013 ist eine neue Dimension im Arbeitsschutz hinzugekommen. Seit 2013 steht im Arbeitsschutzgesetz: »Die Arbeit ist so zu gestalten, dass eine Gefährdung für das Leben sowie die physische und *psychische* Gesundheit möglichst vermieden und die verbleibende Gefährdung möglichst gering gehalten wird.« (§ 4 Nr. 1 ASG)

Ursache für die Erweiterung um die »psychische Gesundheit« liegt in den dramatisch gestiegenen Zahlen der psychischen Erkrankungen in den letzten zwanzig Jahren aufgrund von Fehlbelastungen durch Arbeitsverdichtung und Stress.

Ich möchte an dieser Stelle betonen, dass psychische Belastungen – alles, was auf Gedanken, Gefühle und Verhalten einwirkt – an sich nichts Negatives sind. Ganz im Gegenteil. Das Leben wäre langweilig ohne ein wenig Nervenkitzel, beispielsweise vor einer Aufführung. Nimmt allerdings der Zustand des Nervenkitzels derartige Ausmaße an, dass wir kontinuierlich unter Strom stehen, wird die oft belebende psychische Herausforderung zu einer Fehlbelastung.

Dabei ist zu beachten, dass der persönlich empfundene Stresslevel bei jeder Person unterschiedlich ist. Ich reagiere auf gewisse Dinge mit großer Aufregung, auf die andere gelassen reagieren, und umgekehrt. Zudem ist meist ein Belastungsfaktor alleine unerheblich. Wenn also im Orchester die Stühle unbequem sind, kann man damit meistens noch gut umgehen. Steigt zusätzlich der Lärmpegel und kommen Konflikte mit Kollegen hinzu, kann die Kombination schnell (fehl)belastend werden.

Die Folgen sind gravierend und die Zahlen beängstigend. Laut Fehlzeiten-Report der AOK 2016 nimmt seit 2004 die Anzahl der Fehltage aufgrund psychischer Erkrankungen um 72 Prozent zu. Auffällig seien besonders deren Ausfallzeiten, die 2015 mit im Schnitt 25,6 Tagen je Fall mehr als doppelt so lange dauerten wie der Durchschnitt mit 11,6 Tagen. Und laut Angaben des BKK-Gesundheitsreports 2016 sind psychische Erkrankungen die dritthäufigste Ursache bei Krankschreibungen.

Eine große Chance für Künstler

Angesichts dieser dramatischen Entwicklungen ist es nur folgerichtig, dass die Betriebe zur gesellschaftlichen Verantwortung gezogen werden. Denn es kann nicht sein, dass sie von ihren Mitarbeitern profitieren, sie betrieblich krankmachen und sie danach wieder der Gesellschaft und dem Steuerzahler überantworten. Mittlerweile gilt die gesetzliche Bestimmung, dass die psychischen Belastungen mit in die sogenannte Gefährdungsbeurteilung, die für jeden Arbeitsplatz seit vielen Jahren erstellt werden muss, aufzunehmen sind. Alle Belastungen, die dem gesundheitlichen Wohlergehen zuwiderlaufen, müssen erfasst und gegebenenfalls durch Gegenmaßnahmen behoben werden.

Besonders mit der Verschärfung des Arbeitsschutzes hinsichtlich der psychischen Belastungen öffnet sich für die Künstlerinnen und Künstler in den Theaterbetrieben eine neue Chance – jetzt schenkt ihnen auch das Gesetz Gehör. Denn ihre Belastungen sind naturgemäß zu einem großen Teil psychischer Natur (Bei-

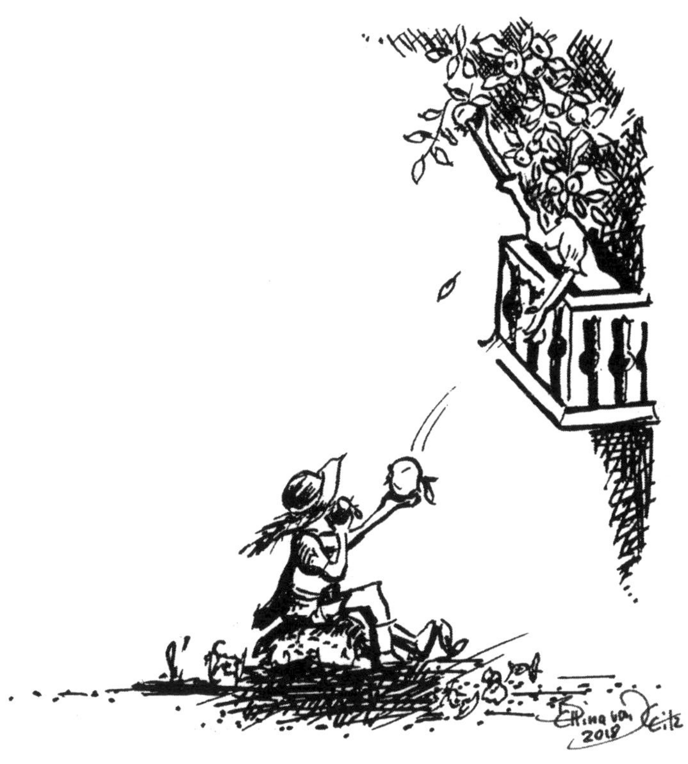

Gesunde Leidenschaft

spiel Lampenfieber), und solange diese Dimension keine Rolle in der Gefährdungsbeurteilung gespielt hat, fehlte ein wirksamer Hebel, um Maßnahmen zu entwickeln oder diesem unfassbaren Bereich des Psychosozialen Rechnung zu tragen.

Dank der ausgiebigen Forschung im Bereich der Arbeitsorganisation und des Gesundheitsmanagements am Arbeitsplatz stehen uns mittlerweile viele Ansätze zur Verfügung, um mit diesen Belastungen umzugehen. Wir müssen sie nur noch ergreifen, implementieren, für die Kunst anpassen oder vielleicht neue entwickeln.

Mentaltraining für den Kunst-Leistungssport?

Künstler befinden sich in ähnlichen Leistungssituationen wie Hochleistungssportler, das heißt, sie müssen zu einem spezifischen Zeitpunkt körperliche und mentale Höchstleistungen vollbringen. Die Kunstbegeisterten unter uns würden wahrscheinlich sogar argumentieren, dass sie einem noch höheren Anspruch ausgesetzt sind, da sie sich nicht nur körperlich auf höchstem Niveau messen müssen, sondern auch noch einem (wenn auch undefinierbaren) künstlerischen Anspruch genügen sollen.

Trotz dieses geistigen Anspruchs ist das Thema Mentalcoaching in der Kunst noch nicht weit gediehen. Längst setzen hoch gehandelte Sportmannschaften Psychologen, Mentalcoaches und Entspannungstrainer ein, damit Scheiben, Tore und Körbe besser und häufiger getroffen und Spitzenleistungen unter hohem Druck und schwierigen Bedingungen erreicht werden können. Dagegen sitzen Künstler, die sich selbst neben einem unterhaltenden meist auch einem gesellschaftswandelnden, bildenden und hehren Kulturauftrag verschrieben haben, auf dem psychisch Trockenen. Auch Künstler müssen zu einem festgesetzten Zeitpunkt ihre Höchstleistung bieten, mit Lampenfieber umgehen, ihren Körper gezielt und leistungsstark einsetzen, ihre Sinne geschärft nutzen und höchste Konzentration halten. Ein Bewusstsein für den Wert und die Freude des Mentalcoachings für Künstler zu etablieren, kann, wie im Sport, die Leistung potenzieren und helfen, mit Gelassenheit und Leichtigkeit aufzuspielen.

Geht nicht gibt's nicht!

»Geht nicht gibt's nicht« ist eines der Mantras im Theater, wenn es darum geht, die verrücktesten Regieeinfälle umzusetzen. Warum nicht auch in Bezug auf gesündere Rahmenbedingungen? Schließlich ist im Theaterbetrieb Kreativität und Um-die-Ecke-

Denken Tagesgeschäft, auch wenn der Kunstbetrieb insgesamt, was Mitarbeiter-Weiterbildungen angeht, der Wirtschaft mindestens zwanzig Jahre hinterherhinkt. Hier könnte er zu einem neuen Vorreiter werden, indem er nicht nur die entwickelten Methoden aus der Wirtschaft kritisch ausprobiert, sondern mit neuen ungewöhnlichen Ideen aufwartet, wie Schichtbetrieb familienfreundlich und Kunst gesund gelebt werden kann.

Wie soll sonst ein (über die Arbeitsbedingungen im Theater) aufgeklärtes Publikum ein wirtschafts- und gesellschaftskritisches Stück ernst nehmen, in dem die Selbst- und Fremdausbeutung thematisiert wird und jeder weiß, dass es hinter dem Vorhang nicht wesentlich besser zugeht?

Um Vorbild zu sein und Kritik glaubwürdig anbringen zu können, ist es hilfreich, selbst den Anforderungen zu genügen. Und was könnte es Spannenderes geben, als für den einstigen Traumjob wieder Rahmenbedingungen zu schaffen, die ihn zu dem machen, was er einst war?

So sind nicht nur der Arbeitsschutz, auch die zunehmende Einflussnahme aus dem betrieblichen Gesundheitsmanagement, das nach und nach die Theaterbetriebe erreicht, gute äußere, gesetzliche Vorbedingungen, dass Sie sich als Sängerin oder Tänzer, als Schauspielerin oder Regisseur im Theaterbetrieb neue Rahmenbedingungen schaffen können. Wenn man so will: Das Gesetz ist auf Ihrer Seite, auch wenn dies nicht unbedingt die günstigste PR-Argumentation bei Vorgesetzten sein wird.

Doch das Gesetz allein reicht nicht: Auch jeder einzelne künstlerische Mitarbeiter ist gefordert, umzudenken und zu handeln, damit Gesundheit wirklich eine Kraftquelle und die Grundlage der eigenen künstlerischen Zukunft wird.

Anregungen, wie Sie die Inhalte dieses Kapitels für sich nutzen können:

- Erkundigen Sie sich in Ihrem Betrieb nach den Strukturen für Gesundheit, am besten bei Ihrer Fachkraft für Arbeitssicherheit, bei der Personalleitung, dem Personalrat oder dem Betriebsarzt.
- Gibt es in Ihrem Betrieb Gesundheitsförderungsmaßnahmen oder gar ein Gesundheitsmanagement?
- Wie sieht es mit der Kantine aus? Wen könnten Sie ansprechen, wenn es an der Qualität mangelt?
- Wissen die Fachkräfte für Arbeitssicherheit von Ihren Bedürfnissen als Künstler?
- Weiß die Personalleitung von Ihren Bedürfnissen und haben Sie konkrete Vorschläge? Vielleicht kennen Sie von befreundeten Künstlern aus anderen Häusern Maßnahmen, die Sie spannend finden? Haben Sie diese kommuniziert?
- Wie sieht es mit künstlerischen Weiterbildungen zu Stimme, Körperarbeit oder Präsenztraining aus? Könnte man darüber hinaus Weiterbildungen zu bspw. Stressbewältigung, Kommunikation bzw. Konfliktmanagement anbieten?
- Wenn Sie einen guten Draht zu Ihrer künstlerischen Leitung oder den kaufmännischen bzw. Verwaltungsdirektoren haben, fragen Sie dort nach. (Ein Verwaltungsdirektor berichtete mir, dass er bisher jede Weiterbildungsanfrage genehmigt habe.) Oft weiß die Leitungsebene nicht von Ihren Bedürfnissen. Kommunizieren Sie Ihr Anliegen!

Ein Zusatztipp:

- Loben Sie die technischen Mitarbeiter oder Ihre Fachkraft für Arbeitssicherheit, wenn ihnen etwas Besonderes gelungen ist oder Sie sich besonders gut betreut fühlen. Auch sie freuen sich – wie wir alle – über ein konkretes, ernst gemeintes Lob.

Kapitel 2: Kraft der Selbstwirksamkeit

»Ich merke, wie viele Dinge und Verhaltensweisen ich selbst gestalten kann«, äußerte ein Teilnehmer in einem Seminar. »Es gilt nicht, sich auf die Position ›Opfer der Umstände‹ zurückzuziehen.«

In diesem Kapitel geht es um die persönliche Haltung und Sichtweise auf das eigene Leben und das Maß des Einflusses, das wir haben. Denn es ist erstaunlich, wie sehr wir uns selbst durch eine oft selbst auferlegte Resignationshaltung nicht nur Lebensenergie rauben, sondern uns auch daran hindern, Gegebenheiten zu erhalten bzw. zu schaffen, die uns unterstützen. Wir können viel bewegen, wenn wir konsequent auch über unsere Gedanken und unsere innere Haltung die Verantwortung übernehmen und uns gezielt unseren Umständen annehmen!

Dieser Idee der Eigen- oder Selbstverantwortung liegt die Erwartung zugrunde, nicht den Umständen ausgeliefert zu sein, sondern die Herausforderungen des Lebens überwinden und bewältigen, ja, das Leben selbst gestalten und beeinflussen zu können. Dieser Glaube an die eigene Wirkkraft ist oft der ausschlaggebende Punkt, dass wir uns im Leben Aufgaben stellen. Wenn wir nicht an unseren möglichen Erfolg als Schauspielerin geglaubt hätten, hätten wir nicht die Aufnahmeprüfung versucht, die Ausbildung durchgestanden, Misserfolge weggesteckt etc. Denn nur, wer es überhaupt *versucht*, kann es auch schaffen.

Das Bewusstsein für diese Fähigkeit zur *Selbstwirksamkeit** im Theater auszubauen, ist meiner Meinung nach der Kerngedanke, der erst Veränderungen hervorrufen und einen Kulturbetrieb der Zukunft gestalten kann.

Raus aus der Opferrolle!

Schauen wir uns einige der typischen Fallstricke bezüglich der inneren Haltungen im Theateralltag an. Ganz oben: die Haltung des Jammerns. Genauer betrachtet, ist Jammern ein wunderbar bequemer Zustand. Gute Gründe gibt es täglich, sich aufzuregen, sich zu ärgern, zu leiden, beleidigt zu sein oder sich angegriffen zu fühlen. Mal gibt es zu viel Regen, dann wieder zu viel Sonnenschein; mal ist es die schlechte Laune oder Unhöflichkeit der Kollegen, die einem aufs Gemüt schlägt, dann wieder die schlechte Bezahlung oder die lausigen Arbeitsbedingungen, über die wir uns aufregen. Beliebte Kommentare aus dem Theateralltag sind: »Das könnte schwierig werden«; »Also, bei uns wird das nicht gehen«; »Im Theater ist alles anders«; »Da kann man nichts machen«.

Das »Jammern« ist ein bequemer Sessel, in dem es sich gemütlich einrichten lässt, während man dem Leben oder den Eltern, den Umständen oder dem Schicksal und allem, was uns eben sonst noch so im Alltag begegnet, die Verantwortung oder gar die »Schuld« gibt. Genauer gesagt, die »Bring-Schuld«, die in solchen »Wenn«-Sätzen ausgedrückt wird: »*Wenn* die Leitung endlich auf uns hören würde …«; »*Wenn* wir mehr Geld bekommen würden …«; »*Wenn* die Pausen eingehalten würden …«.

Solange wir uns in dieser Jammerfalle befinden, wird *nichts* geschehen. »Nie haben wir genügend Pause zwischen den Proben,

---

* Das Konzept der Selbstwirksamkeitserwartung wurde von dem kanadischen Psychologen Albert Bandura in den 1970er-Jahren entwickelt.

weil immer etwas dazwischenkommt.« So formuliert, beschreiben wir einfach einen negativ empfundenen Status quo. Meinem Gehirn signalisiere ich damit: »Ich kann nichts tun. Das ist die Realität.« Und mein Gehirn glaubt mir: Es nimmt diese Aussage für bare Münze. Und warum auch nicht? Warum sollte es eine Lösung finden, wenn es die Aussage als Tatsache akzeptiert?

Wenn ich aber von einer vermeintlich festgefahrenen Tatsachenbeschreibung zu einer lösungsorientierten Frage gelange, wie z. B. »Was kann ich tun, damit sich etwas verändert?«, gebe ich meinem Gehirn den Auftrag, sein Rechenzentrum zu aktivieren und neue Ideen zu generieren. Wenn wir das Pausenbeispiel aufgreifen, könnten die Fragen lauten: »Was können wir tun, damit wir genügend Pausen zwischen den Proben bekommen? Wie können wir das garantieren? Was könnten wir in den Abläufen ändern?«

Der Frust aus künstlerischer Ohnmacht

Natürlich gibt es auch berechtigte Gründe für das Leiden eines Künstlers. Ein wesentlicher ist der Mangel an künstlerischer Gestaltungsfreiheit, den viele junge Menschen im Theateralltag als schmerzlich empfinden. Es lebt der Nimbus glücklich fort – und wird zum Teil bereits in den Ausbildungsstätten gepflegt –, sich im Theater künstlerisch ausleben zu können, eigene Ideen zu verwirklichen und kreativ zu sein. In der Praxis angekommen, gelangt der junge Künstler plötzlich zu der Erkenntnis, dass die eigentliche künstlerische Freiheit meist nur wenigen Personen – mit dann wiederum fast uneingeschränkter Entscheidungsmacht – vorbehalten ist. Aus dieser überraschenden Enttäuschung entsteht ein Gefühl der Ohnmacht, das sich auf alle Bereiche ausdehnt und wiederum im Jammern endet. Im betrieblichen Fachjargon spricht man von einer »inneren Kündigung«: »Ich mache nur noch Dienst nach Vorschrift. Ändern und gestalten kann ich eh nichts. Dann bekommen sie auch nur das Minimum von mir.«

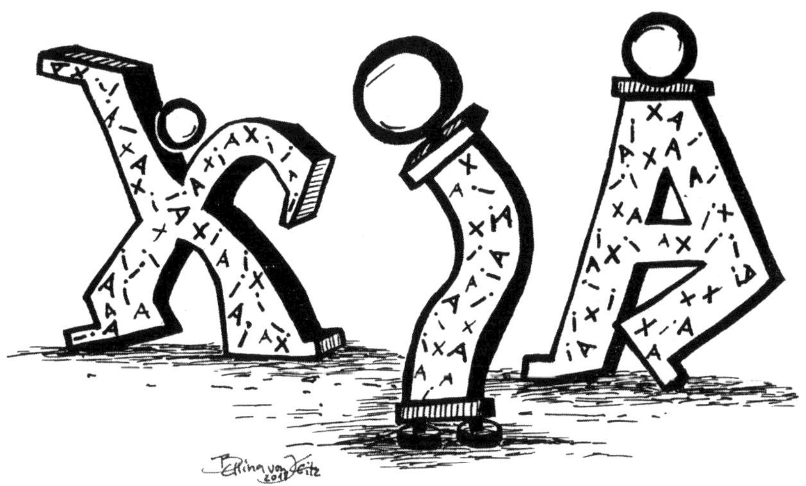

X, I und A im konstruktiven Dialog

Dass sich dieses strukturelle Ungleichgewicht nicht nur auf das künstlerische Schaffen, sondern auch auf betriebliche Abläufe überträgt, liegt auch an einem Kommunikationsteufelskreis. Meist gibt es zwei Szenarios bei künstlerischen Führungskräften: Entweder geben sie eine Richtung klar vor, wären aber durchaus offen für Ideen, was allerdings den Mitarbeitern nicht bewusst ist. Bei ihnen kommt an, dass sie vor vollendete Tatsachen gestellt werden und nichts zu melden haben.

Oder umgekehrt, künstlerische Führungskräfte sind so offen für Ideen und Vorschläge im Sinne eines Work-in-progress, dass dies bei den Mitarbeitern als mangelnde Vorbereitung und Inkompetenz empfunden wird.

In meinen Coachings höre ich häufig auf der einen Seite Klagen über das Desinteresse und die Motivationslosigkeit der Mitarbeiter, auf der anderen Seite Klagen über die hierarchische Keule oder Konzeptionslosigkeit bei den Leitenden.

Wenn ich Gespräche oder Verhaltensweisen direkt mitbekomme, fällt mir auf, wie schwierig sich beide Seiten tun, in einen wertschätzenden, empathischen, lösungsorientierten Austausch zu treten, wodurch die im Grunde nicht vorhandenen Gräben erst aufgerissen und dann immer weiter vergrößert werden.

Beide Seiten sind fast immer an einem guten Miteinander interessiert. Doch da die Brücke nicht geschlagen wird (oder werden kann), aus welchen Gründen auch immer, wächst der Frust. Wo diese missliche Lage ihren Ursprung hat, ist unwichtig. Im Sinne einer konstruktiven Lösung ist es wichtig, dass beide Seiten ihre Potenziale erkennen und gemeinsam zu einem guten Miteinander finden.

Zwischen Sicherheit und künstlerischer Wertschätzung

Als Chormitglied oder Orchestermusiker steht man vor einer besonderen Herausforderung. Diese Künstler haben alle eine solistische Ausbildung absolviert und sich dann dazu entschlossen, im Kollektiv zu singen bzw. zu musizieren. Viele sehen darin einen großen Vorteil, wird ihnen doch dadurch die Sicherheit eines unkündbaren Vertrags geboten. Dem gegenüber steht das Gefühl, nicht mehr als einzelner Solist oder Musiker gesehen und geschätzt zu werden, sondern sich in einer undefinierbaren Masse aufzulösen. Man geht buchstäblich in der Masse unter. Gerade im künstlerischen Bereich, der im Wesentlichen auf Präsentation und öffentlicher Anerkennung beruht, kann dieser Aspekt sehr demotivierend sein.

Diese Gratwanderung zwischen Sicherheit und künstlerischer Wertschätzung ist enorm schwierig. Sicherlich können Dirigenten und Chorleiter viel dazu beitragen, dieses Los durch aktive Wertschätzung zu erleichtern. Doch auch der taktvollste Dirigent oder die einfühlsamste Chorleiterin kann die Tatsache nicht verändern, dass ein Chor oder ein Orchester nur als Kollektiv funktioniert und der Sinn der Arbeitsaufgabe auch in der Kollektivarbeit liegt und damit auch in der Motivation als Gruppe.*

Allein aus Respekt vor den vorangegangenen Generationen,

die mithilfe der Gewerkschaften diesen sicheren Arbeitsplatz des Chores oder Orchesters geschaffen haben, sollten wir jeden Tag unser Bestes geben, auch wenn wir nicht als Solokünstler im Rampenlicht stehen.

Fazit: Das System funktioniert nur mit allen Teilnehmenden. Jeder einzelne Orchestermusiker, Chorsänger und Schauspieler ist gefordert, den eigenen Anteil an aktiver Kreativität zu leisten. Doch wie kann das in der Gemeinschaft und im Kulturbetrieb gelingen?

Haltung einnehmen: Was die Kampfkunstphilosophie uns lehren kann

Soll sich etwas ändern, braucht es den guten Willen aller. Oder präziser, wie wir oben gesehen haben: die eigene Willenskraft, denn über den Willen eines anderen Menschen kann ich nicht bestimmen. Oder wie die Kampfkunst mich gelehrt hat: Ich muss mich entscheiden, wofür ich stehe und wie ich handle. Die Kampfkunst und ihre Philosophie kann uns gerade im Umgang mit alltäglichen Widrigkeiten, Konflikten und Herausforderungen viel lehren.

In der Kampfkunst geht es genau um die Fähigkeit, aus der Opferrolle herauszukommen und sich zu wehren, allerdings auf besondere Art. Die Kampfkünste gehen zunächst davon aus, dass wir immer wieder »Angriffen« ausgesetzt sind – ob verbalen Attacken, Zeitdruck, hohen Anforderungen, Perfektionismus oder schwierigen menschlichen Situationen. Was die Kampfkunst zu

---

* Wie auch andere Kunstschaffende im Hintergrund, wie z. B. Inspizienten, Regieassistenten oder Produktionsleitungen, sich aus der Gemeinschaftsleitung heraus motivieren müssen, denn die Wertschätzung, die ihnen gegönnt wäre, bekommen sie meist nicht.

einer »Kunst« macht, ist, *wie* sie mit diesen Herausforderungen umgeht.

Budo – die japanische Kampfkunstphilosophie

Die Philosophie hinter dieser Kunst zeigt sich in einem Schriftbild. Das unten abgebildete Zeichen *bu* ist das japanische Zeichen für Militär, Waffen, Krieger.

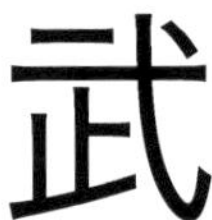

Verbunden mit dem Zeichen *dō*, 道, dem Begriff für »Weg«, der auch im Aikido wie auch im Judo und Kendo vorkommt (siehe S. 202), wird *budō* (Budo) zu einem Sammelbegriff der japanischen Kampfkünste. In dem Zeichen *bu* steckt allerdings eine Philosophie, die jenseits des Kämpfens liegt. *Bu* besteht aus den beiden Teilzeichen für die Worte »anhalten« und »Lanze« bzw. »Waffe«. Das Zeichen steht also für »die Waffen anhalten«. Wenn man sich bewusst macht, dass in einem Konflikt beide Seiten Waffen einsetzen, kann die Lesart noch präziser gefasst werden als nur die Aufgabe, die Waffen anzuhalten. Die Philosophie der japanischen Kampfkünste fordert hier, das eigene Wohl und das Wohl des anderen zu schützen und zu achten. Es ist die jederzeit im Alltag anwendbare Anleitung zu einer Win-win-Situation oder anders ausgedrückt: Widrige Situationen kann man harmonisch klären.

Ich habe es in der Hand, wie ich reagiere

Dieses Prinzip, die Lebensenergie zu harmonisieren, steckt im Namen Aikido. Am Beispiel dieser friedfertigen japanischen Kampfkunst lässt sich dieses Prinzip nochmals genauer erläutern. Die Techniken des Aikido können durchaus verletzen und sogar töten, gleichzeitig weisen sie eine Besonderheit auf. Während bei anderen Kampfkünsten Schläge und Tritte zum Einsatz kommen, sind die Aikido-Techniken derart klug zusammengestellt, dass sie ohne Schläge und Tritte auskommen. Sie tragen damit das *Potenzial* in sich, gewaltfrei eingesetzt werden zu können.

Potenzial bedeutet aber auch, dass es an uns selbst liegt, ob wir es nutzen. Damit motiviert Aikido, auch unter stressigen Bedingungen nicht den Kopf zu verlieren und vor allem immer einen Weg zu suchen, der harmonisch ist – auch wenn dies mehr Aufwand, Fantasie, Selbstdisziplin, Willensstärke und Einfühlungsvermögen erfordert.

Meine Erkenntnis aus der langjährigen Beschäftigung mit den Kampfkünsten ist, dass ich selbst entscheide, wie ich auf Angriffe reagiere. Ich setze mir meinen Handlungsmaßstab, egal, wie andere handeln. Es hat keinen Einfluss auf meinen Anspruch an mich selbst, respektvoll zu bleiben. Was sich je nach Konfrontationssituation ändert, ist lediglich das *Wie*. In dem einen Fall trete ich stärker auf, um mich zu schützen, in dem anderen Fall nehme ich mich mehr zurück, um meinem Gegenüber Raum zu lassen.

Ich schütze mich vor den »Waffen« der anderen und achte gleichzeitig darauf, nicht selbst »Waffen« gegen andere einzusetzen. Dieses Verständnis der Kampfkunstphilosophie zielt also darauf, sich selbst und das eigene Verhalten zu sehen. Wir wirken aktiv auf unsere Umwelt ein, wir haben unmittelbaren Einfluss in jeder Geste, jedem Blick, jeder Handlung und selbst in jedem Gedanken, der sich wiederum im Tun zeigt. Wir haben es in der Hand, uns und unsere Umwelt zu gestalten – diese *Selbstwirksamkeit*, am Beispiel der Kampfkunst verdeutlicht, ist die Grundlage, um einen gesünderen, entspannteren Umgang mit den inneren und äußeren Einflüssen zu entwickeln.

Verantwortung für sich selbst übernehmen

Im Kern geht es darum, Verantwortung für sich selbst zu übernehmen. Ganz im Sinne der Kampfkunstphilosophie setze ich mich aktiv für mich ein, für meine Gesundheit, mein Handeln, meine Wünsche, meine Gedanken, meine körperliche Fitness, meine Zufriedenheit und meinen künstlerischen Ausdruck – ich schütze und sorge für mich in allen Bereichen.

Um bei allem Selbstschutz und bei aller Durchsetzungskraft das Wohl der anderen ebenso zu achten und schützen, übernehme ich gleichzeitig Verantwortung dafür, dass mein Handeln das Wohl anderer nicht beeinträchtigt, auch wenn ich angegriffen werde. Ich vergelte nicht Gleiches mit Gleichem, sondern behalte meinen ethischen Maßstab bei und zeige möglicherweise neue Wege auf.

Interessanterweise führt die Haltung, konsequent Verantwortung für das eigene Tun zu übernehmen, zu größerer Entspannung und mehr Energie.

Im Flow: Der optimale künstlerische Schaffenszustand

Einer der beglückendsten Momente im Kunstschaffen liegt in der Flow-Erfahrung: wenn Zeit und Umgebung sich auflösen und wir im Tun versinken, wenn die gesamte Konzentration im Lösen einer Aufgabe verschmilzt, die uns fordert, ohne zu überfordern und bei der wir uns selbst (unser Selbst) vergessen. Das Lösen der Aufgabe muss nicht leicht sein, sondern kann ganz im Gegenteil große Anstrengung und auch frustrierende Phasen mit sich bringen, und dennoch ist die Erfahrung getragen von einem tiefen, befriedigenden Glücksgefühl, weil das eigene Tun zu neuen Erfahrungen und dem Entwickeln neuer

Fähigkeiten geführt hat. Wir entsteigen diesem Erlebnis mit Bereicherung.*

Die Flow-Erfahrung könnte als ideale Definition für einen optimalen künstlerischen Schaffenszustand verstanden werden: kreativ, aus sich selbst heraus schöpfend und die eigenen Grenzen überschreitend. Gleichzeitig liegt in dieser Erfahrung die tiefe Anlage des Menschen, sich zu entfalten, weiterzuentwickeln und zu lernen – eine Grundhaltung, die sicherlich allen Künstlerinnen und Künstlern ureigen ist. Wie wichtig die Befriedigung des »lebenslangen Lernens« ist, zeigt sich in der wachsenden Bedeutung dieses (wenn auch schwer zu definierenden) Konzepts, das sich seit den 1970er-Jahren in vielen Gesetzgebungen wie dem Anspruch auf Bildungsurlaub und in der zunehmenden Personalentwicklung und -weiterbildung in vielen Unternehmen zeigt.**

Aktiv gestalten

Das Entscheidende an der Flow-Erfahrung liegt darin, dass sie nicht von selbst entsteht, sondern wir sie aktiv herbeiführen müssen (und auch können). Während beispielsweise der passive Konsum von Filmen erfreulich sein kann und durchaus seine Berechtigung hat, ist die Erlebnisqualität eine andere. Wir lenken uns möglicherweise von negativen Gedanken ab und beenden unsere Langweile, doch das beglückende Gefühl, auf sinnvolle Art und Weise im Fluss zu sein und der eigenen inneren Entwicklungskraft zu folgen, bleibt aus.

In die befriedigende Wachstums-Erfahrung einzusteigen, kann nur jede und jeder für sich. Konsequenterweise sind wir auch im Arbeitsalltag im Theater selbst dafür verantwortlich, uns einen

---

* Vgl. Mihaly Csikszentmihalyi: *Flow. The psychology of optimal experience*, New York: Harper & Row, 1991, S. 49.

** Bundeszentrale für politische Bildung: »Lebenslanges Lernen – Geschichte eines bildungspolitischen Konzepts«, http://www.bpb.de, 2014.

produktiven, stimmigen, sinnvollen Arbeitsfluss zu gestalten. Denn auch die besten Rahmenbedingungen (die es sicherlich im Theaterbetrieb bisher nur sehr selten gibt), versetzen uns nicht zwangsläufig in einen guten Arbeitszustand. Auch unter perfekten Rahmenbedingungen langweilen sich Menschen, wenn sie sich selbst nicht innerlich einbringen. Ebenso kann man sich in den unwirtlichsten Umständen in beglückende Flow-Zustände versetzen, um beispielsweise extreme Strapazen auszublenden.*

Im Wesentlichen erfordert es von uns selbst den Einsatz psychischer Energie, also aktiver Willenskraft, um diesen Zustand für uns zu gestalten. Zunehmend entsteht eine Freiheit, die unabhängig von den eigenen Unzulänglichkeiten, den gegebenen Umständen und den vermeintlichen Erwartungen der Welt sich ganz der reinen künstlerischen Schaffenskraft hingibt und gleichzeitig andere in ihrer Freiheit unterstützt. Der Weg der Kunst kann damit auch zu einer Meisterschaft der eigenen Psyche und des eigenen Seins werden.

Die Kunst, das Richtige zu beeinflussen

Wie kann ich im Theateralltag selbstwirksam handeln und mich idealerweise in einen Flow-Zustand versetzen? Ein bedeutender Faktor dabei ist das Gefühl der Kontrolle über unsere Handlungen, und das hat viel damit zu tun, welche Ziele wir uns setzen und ob wir sie selbst erreichen können oder ob sie außerhalb unseres Einflussbereichs liegen und völlig unrealistisch sind.**

---

* Ob es sich um Extrem- und Leistungssportler wie Free-Solo-Kletterer, Profi-Radrennfahrer, Marathonläufer etc. handelt, die sich »in the zone« befinden, oder Jazz-Musiker, die im »groove« sind – sie alle vergessen sich in der Aufgabe.

** Siehe Csikszentmihalyi, a. a. O., S. 49. Hier werden noch weitere Faktoren genannt wie unmittelbares Feedback und Konzentration auf das Tun.

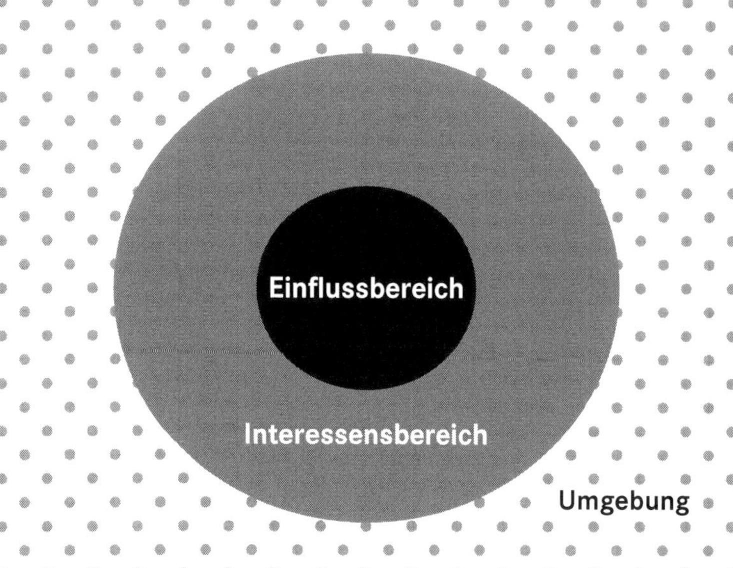

Was kann *ich* tatsächlich beeinflussen?
(Darstellung nach Covey)

Der amerikanische Autor Stephen Covey hat in seinem Buch *The 7 habits of highly effective people* (dt. *Die 7 Wege zur Effektivität*) ein Modell beschrieben, das zwei Bereiche, den Interessenbereich und den Einflussbereich, unterscheidet.*

Viele Dinge liegen in unserem Einflussbereich: Was wir essen, was wir anziehen, welchen Film wir schauen, welchen Beruf wir wählen etc. Nun gibt es aber auch genügend Aspekte in unserem Leben, die uns zwar interessieren, auf die wir jedoch kei-

---

Als Folge löst sich die Selbstbeobachtung auf, und das Gefühl für Zeit wandelt sich.

* Vgl. Stephen R. Covey: *The 7 habits of highly effective people*, London: Pocket Books, 2004, S. 81–85.

nen Einfluss haben: die Auswahl der Nationalmannschaft, das Wetter, den Zugfahrplan, die Wahl des Intendanten, das Menü in der Kantine, Kommentare von Politikern, Rezensionen oder Zuschauermeinungen.

Häufig ertappt man sich dabei, sich doch über die Bereiche aufzuregen, auf die man keinen Einfluss hat. Warum ist das Stück nicht angekommen? Warum wurde das Projekt nicht angenommen? Wie können die nur so lange für Entscheidungen benötigen? Warum ist die Bahn unpünktlich?

So verbringt man viel Zeit und wiederum Lebenskraft und Aufmerksamkeit damit, sich über Dinge aufzuregen, die man nicht ändern kann, anstatt den Fokus auf den Bereich zu richten, in dem ich, als Einzelner, Einfluss nehmen kann.

Aus der Ohnmacht zur Selbstbestimmung mit sinnvollen Zielen

Eine interessante Veränderung folgt, wenn ich mehr Zeit mit Dingen verbringe, die ich beeinflussen kann. In meiner Wahrnehmung und in der realen Außenwirkung werde ich einflussreicher. Weil ich Dinge in Gang setze, verändere ich meine Umwelt. Und nicht zuletzt nehmen mich auch die anderen als aktiv Handelnde wahr. Ich weite den Einflussbereich aus, weil ich auch beispielsweise Themen aus dem Interessensbereich in meinen Einflussbereich bringe. Wo ich vorher nur über die Auswahl des Kantinenessens gejammert habe, setze ich mich in Kontakt mit den Zuständigen oder gründe einen Kantinenausschuss.

Und bei den Dingen, die ich erst einmal nicht beeinflussen kann, wie z. B. das Führungsverhalten des Intendanten, versuche ich mich auf das zu konzentrieren, was ich gestalten kann, anstatt mich darüber aufzuregen.

Dazu ein Beispiel aus meinem Leben: Nach der Zusage des Regisseurs und Schauspielers Yoshi Oida für ein gemeinsames Theaterprojekt saß ich überglücklich in Paris in einem Restaurant und dachte, dies sei die größte Hürde gewesen. Nachdem ich zwei Jahre lang kein Theater für das Projekt gefunden hatte, suhlte ich mich in meiner Jammerstimmung. Ein guter Freund gab mir den Rat, mich weiterhin meinen Kursangeboten zu widmen. Ich machte einige Weiterbildungen, begann zu unterrichten, und heute arbeite ich tatsächlich mit Künstlerinnen und Künstlern. Auf anderem Wege. Ich habe mich also auf das konzentriert, was in meinem Einflussbereich lag – nicht auf die von mir unbeeinflussbaren Entscheidungen der künstlerischen Leitung, also auf Ziele, die nicht in meiner Hand liegen, sondern auf Ziele, die ich durch aktives Zutun erreichen kann, wie meine Weiterbildungen und Seminarangebote.

Dabei ist es entscheidend, die Ziele unabhängig von dem Verhalten anderer Personen zu wählen. Ich kann das Verhalten der anderen nicht wirklich beeinflussen. Ich weiß nicht, was die Theaterleitung tun wird, ich weiß nicht, ob ich meine Wunschstelle bekomme. Wenn wir die Ziele, die wir erreichen wollen, von anderen Menschen oder den Umständen abhängig machen, fördern wir tatsächlich eine Haltung der Ohnmacht: Wir liefern uns den Umständen aus. Erst wenn ich mir Ziele wähle, die ich erreichen kann, weil sie in meiner Hand liegen – auch wenn sie Schweiß, Arbeit, Anstrengung oder auch einen harten Kampf erfordern –, kann ich verlässlich etwas ändern.

Es ist ein unglaublich befreiendes Gefühl, das eigene Arbeiten selbst zu gestalten, und zwar, weil *ich* mich dazu entscheide, und nicht weil die Umstände zufällig passen.

Mein Gefühl ist es nicht mehr, den Zuständen oder Umständen ausgeliefert zu sein. Sobald ich etwas tue oder gestalte und in Aktion trete, entsteht ein Erfolgsgefühl. Und ein schöner Nebeneffekt, oder vielleicht ist es der Hauptteffekt: Ich lerne dazu.

Was ist »gute« Kunst?

Doch wie sieht es in der Kunst mit Zielen aus? Sie lassen sich schwer definieren. Was ist eigentlich »gute« Kunst? Wann ist eine Aufführung gelungen? An welchen objektiven Maßstäben sollen wir Kunst festmachen?

Für den einen ist die Inszenierung zu modern, für den andern zu altbacken, der eine findet den Schauspieler x zu expressiv, die andere zu zurückhaltend, der eine mag die Stimme der Sopranistin nicht, die andere findet die Gestik des Basses gekünstelt.

In der Musik hat man zumindest einen musikalischen Richtwert, beispielsweise ob die Note getroffen wurde, doch bereits bei der Interpretation und Stimmqualität driften die Meinungen wieder auseinander.

Ziele können in diesem Sinne in der Kunst nicht erreicht werden, weil sie gar nicht richtig gesetzt werden können. Zumindest nicht objektiv. Möchte man sich über Ziele motivieren, sollte man sich persönliche und realistische Ziele setzen und dann – abseits der öffentlichen Meinung – an ihnen festzuhalten.

Vom lähmenden Konkurrenzdenken zum lernenden Weiterwachsen

Der Weg zur Selbstwirksamkeit bedeutet damit konsequenterweise auch, sich aus der ewigen Vergleichsspirale herauszuziehen. Solange ich mit dem Vergleich beschäftigt bin – dass ein anderer vorgezogen wurde, dass ich besser oder schlechter bin, dass ich ungerecht behandelt, jemand anderem dieses oder jenes gewährt wurde –, fokussiere ich mich zu sehr auf den »anderen«. Meist sind es Dinge, die ich nicht beeinflussen kann. Ein Gefühl von »Ich komme zu kurz« durchzieht alle Handlungen, und fortwährend beäuge ich meine Umwelt kritisch.

Sicherlich ist das Konkurrenzdenken gerade in dem engen künstlerischen Arbeitsmarkt hoch. Doch dieses aus Angst gespeiste Gefühl lähmt auf Dauer, und der fortwährende Blick auf eine bedrohliche Umwelt raubt Energie und den Blick auf die vielen kreativen Möglichkeiten und hält uns von unserer eigenen Entwicklung ab.

Zudem belebt Konkurrenz zwar das Geschäft, doch es fördert eher Spezialisten. Es schafft, wie der Neurobiologe Gerald Hüther schreibt, »stromlinienförmige Angepasstheit, nicht aber Komplexität und Beziehungsfähigkeit«*. Die Frage, die sich hier stellt, ist: Geht es in der Kunst tatsächlich um das Züchten von Spezialisten? Oder würden wir uns künstlerisch nicht wesentlich weiterentwickeln, wenn wir durch *Kooperation* ein Klima des Vertrauens schaffen, in dem wir uns gegenseitig stützen?

Derzeit sind die Themen »Kooperation« und »Teilen« im digitalen Zeitalter mit dem großen kostenlosen Wissensaustausch im Netz in aller Munde. Unter dem Gesichtspunkt der Geschwindigkeit macht dies auch Sinn. Die Schwarmintelligenz führt gemeinsam zu einem besseren und schnelleren Ergebnis. Eine wesentlich organischere Vernetzung birgt auch für einen Theaterbetrieb der Zukunft großes Potenzial.

Wesentlich inspirierender als den Vergleich mit anderen zu suchen ist, von ihnen und mit ihnen gemeinsam zu lernen, indem wir sie wertfrei und unverfälscht *wahrnehmen*. Wir lernen besonders viel im Austausch und in der Reibung mit anderen, solange wir sie als unsere Sparringspartner in der eigenen Entwicklung sehen, die wie gute Lehrer zeigen, wo wir unsere Fähigkeiten noch verbessern können und wo wir als Gruppe zu ganz anderen Möglichkeiten gelangen.

Daher ist es viel entspannender und letztlich erfolgversprechender, auch wenn andere in einem Bereich besser sind, Eitelkeiten hinter sich zu lassen und die Kollegen als lehrreiche Austauschpartner wahrzunehmen.

---

* Gerald Hüther: *Was wir sind und was wir sein könnten. Ein neurobiologischer Mutmacher*, Frankfurt: Fischer, 2014, S. 80.

Vertrauen schaffen

Eng mit einer konkurrenzfreien Zone verbunden ist ein Klima des Vertrauens. In einer Organisation wie dem Theater ist dies natürlich primär ein vorgelebter Wert, der von der Führungsspitze kommen muss. Gleichzeitig ist es eine Aufgabe, die sich jeder Mitarbeiter stellen kann. Wie kann ich eine vertrauensvolle Atmosphäre schaffen oder dazu beitragen? Denn es sind die Emotionen, die unser soziales Miteinander ausmachen. Sie beeinflussen die Art, wie wir auf andere Menschen zugehen, uns an sie binden oder sie ablehnen, ob wir hilfsbereit sind oder andere ignorieren. Emotionen liegen wie ein Gefühlsteppich unter allem. Gerade wenn Angst regiert, werden viele Potenziale im Haus blockiert. Gerald Hüther schreibt: »Die entscheidende Voraussetzung für die Entfaltung unseres kreativen Potenzials ist die Überwindung der individuellen Angst durch die Stärkung von wechselseitigem Vertrauen.«*

Egal welches Klima im Haus vorherrscht, im eigenen Bereich kann jeder aktiv für ein Klima des Vertrauens sorgen, durch die Art, wie wir tagtäglich handeln und unseren Kollegen begegnen.

Ein abschließender Gedanke hierzu: Vertrauen beginnt mit einem Vertrauens-Vorschuss (siehe S. 187).

Intrinsische Motivation – das Pfund des Theaters

Was treibt Kunstschaffende ins Theater? Keinesfalls sind es die äußeren Anreize wie hohe Gehälter, gute Aufstiegschancen, sozial verträgliche Arbeitszeiten oder diverse Vergünstigungen wie ein Firmenwagen oder Geschäftsreisen, die Künstler ins Theater bringen und dort halten. Ganz im Gegenteil. Diese Dinge gibt es meistens nicht. Und dennoch treibt alle innerlich etwas an –

* Vgl. Hüther, ebd., S. 132.

ihre Liebe und Hingabe zur Sache und ihre Lust und Freude, in der Gemeinschaft etwas zu erschaffen.

Diese intrinsische Motivation ist eine enorme Kraftquelle, wenn ich sie mir nicht rauben lasse. Vor allem nicht von mir selbst.

Motivation von innen: Ein unschätzbares Geschenk

Die Gefahr dieser von innen gespeisten Antriebskraft liegt in ihrem Frustrationspotenzial, wenn sie keine Erfüllung findet. In der Kunst oder auch in vielen sozialen Berufen wie der Medizin, der Sozialarbeit oder im Lehramt, in denen die Motivation eine ideelle ist, ist die Fallhöhe entsprechend groß, wenn schwierige äußere Rahmenbedingungen und Idealvorstellungen aufeinandertreffen. Die Desillusionierung ist umso größer, wenn der Theateralltag sich als wenig kreativ entpuppt, wenn anstelle von künstlerischer Freiheit ein strenges gesetzliches oder menschliches Korsett vorherrscht, das das Wohlbefinden senkt und die Freude an der Tätigkeit nimmt. Der daraus resultierende Frust kann erhebliche Dimensionen annehmen.

Deshalb gilt es, die eigene intrinsische Motivation unbedingt zu pflegen. Sie ist ein unschätzbares Geschenk, denn sie ist die Antriebskraft, die uns nicht nur unseren ureigenen künstlerischen Werdegang erst ermöglicht. Sie ist auch die Antriebskraft, die uns die Energie gibt, nicht zu resignieren, sondern in Aktion zu treten und unwirtliche Umstände zu ändern. Wenn wir uns immer wieder bewusst werden, warum wir Kunst machen wollen, warum Kunst für unsere Gesellschaft wichtig ist und welche Bedeutung unsere Arbeit hat, dann wird das Verändern der aktuell schwierigen Umstände selbst zu einer künstlerischen Aufgabe – vielleicht *das* große Vermächtnis unserer Künstlergeneration.

Meine Quelle nähren

Wenn wir im Theater Rahmenbedingungen finden, die der eigenen Kreativität wenig förderlich sind, können wir uns natürlich zurücklehnen und über die lähmenden Bedingungen klagen. Hier lauert die »Jammerfalle« (S. 43 f.). Allerdings schaden wir damit primär unserer eigenen Energiequelle. Die Erfahrung des Flows entsteht genau dann, wenn wir uns den beeinflussbaren Herausforderungen stellen und kreative Wege finden, sie zu lösen.

Auch in weniger inspirierenden Arbeiten können wir positive Aspekte finden, auch wenn es lediglich das Geldverdienen und die damit einhergehende Sicherheit ist. Das sprichwörtlich »Gute« im Schlechten zu suchen ist ein lohnenswertes Gedankenexperiment. Denn es gibt immer etwas zu verändern oder zu lernen. Und wenn es allein die Tatsache ist, sich aus der eigenen bequemen Trägheit herauszubewegen. Dadurch werden wir nicht nur kleine Erfolge erzielen, sondern auch noch mit zusätzlicher Energie belohnt.

Unser eingebauter Veränderungsmotor

Im Kern kann ich meine intrinsische Motivation aktiv dadurch fördern, wenn ich mir bewusst werde, was mich als Künstler antreibt. Unabhängig von äußeren Faktoren wie Gehalt und Erfolg, gibt mir ein solches Bewusstsein Halt und Orientierung. Das heißt, ich kenne meine Stärken und Begabungen ebenso wie meine Grenzen und weiß, was ich möchte und was nicht.

In der Regel besitzen Künstler diese Fähigkeit schon. Wie sonst wären sie Künstler geworden? Doch oft geht sie mit den Jahren im zugegebenermaßen zermürbenden Theateralltag unter, und man nimmt sich nicht die Zeit, sich regelmäßig über die eigene Entwicklung als Künstler Gedanken zu machen.

Die Herausforderung in unserem Alltag am Theater ist die große mentale Leistung, nicht in den fast schon salonfähigen

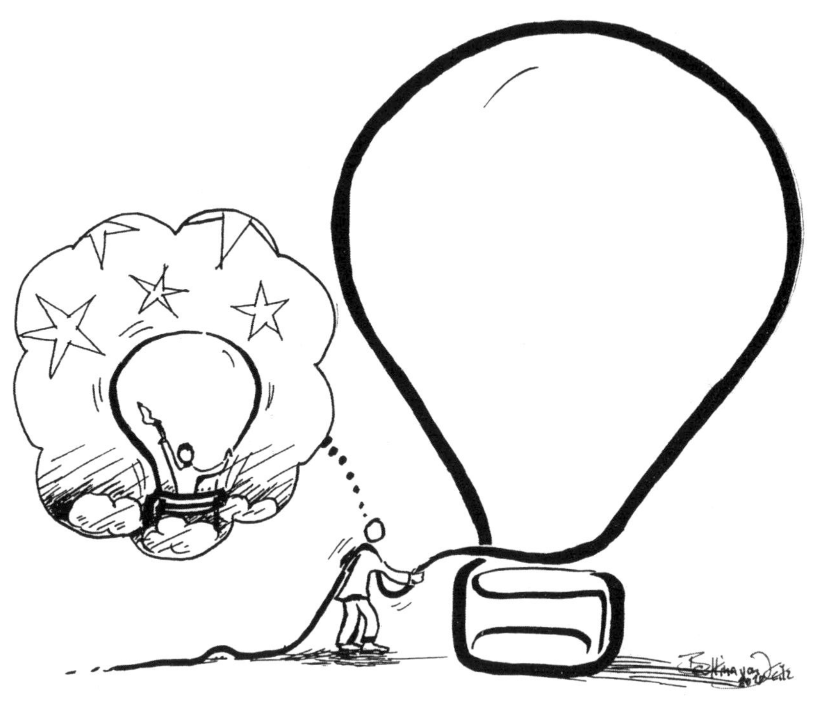

Was uns antreibt – »Fahrt zu den Sternen«

Zynismus vieler desillusionierter Künstler zu verfallen, sondern eine innere Offenheit zu bewahren – trotz widriger Umstände. Und gleichzeitig die entspannte Beharrlichkeit und ruhige Klarheit, neue gesündere und kreativere Rahmenbedingungen für sich zu schaffen.

Die heutige Theatersituation ist eine wunderbare Herausforderung an jeden Einzelnen, an ihr – für uns selbst als Künstler und für die Kunst – zu wachsen.

Anregungen, wie Sie die Inhalte dieses Kapitels für sich nutzen können:

- Beobachten Sie sich in den nächsten Tagen: Wann tappen Sie in die Opferrolle? Wann sagen Sie innerlich: »Da sind andere schuld! Da kann ich nichts machen!« Lenken Sie Ihre Gedanken in eine andere Richtung mit der Frage: »Was könnte ich machen?« Jede kleine Veränderung kann etwas bewirken. Alternativ können Sie auch ein Gedankenexperiment wagen, beispielsweise mit der Frage: »Was würde ein Weiser, der die Situation aus der Ferne betrachtet, mir jetzt raten?«
- Beobachten Sie sich, wenn Sie sich über etwas aufregen. Fragen Sie sich: Liegt die Sache in meinem Einflussbereich oder in meinem Interessensbereich? Kann ich etwas daran ändern? Und wenn ja, was kann ich ändern?
- Was sind die Ziele Ihrer künstlerischen Arbeit? Können Sie sie selbst erreichen oder sind sie abhängig von anderen oder von äußeren Umständen (z. B. ob Sie eine Rolle bekommen, Reaktionen und Meinungen von Publikum und Kritikern; also alles, was Sie nicht unbedingt beeinflussen können)? Wenn Sie Ihre eigenen selbstbeeinflussbaren Qualitäten bei einer Aufführung erreicht haben, loben Sie sich ausgiebig danach – egal, was Kollegen, Zuschauer oder Kritiker sagen. Halten Sie sich an jemanden, der diese Ziele mit Ihnen teilt und der mit Ihnen danach feiern geht.
- Wann benutzen Sie »Wenn«-Sätze: »*Wenn* dieses oder jenes besser wäre, dann wäre ich erfolgreich/leistungsfähiger etc. …« Meist hat man die Inhalte aus dem Wenn-Satz nicht selbst in der Hand. Halten Sie auch hier inne und fragen sich: »Was kann ich jetzt tun, um mich besser zu fühlen?« Und wenn Sie nur aufhören, darüber zu grübeln …

- Schauen Sie sich Situationen an, bei denen Sie innerlich abschalten oder sich langweilen: Wie könnten Sie sich selbst motivieren? Was benötigen Sie dazu? Und wen könnten Sie konstruktiv ansprechen und mit ins Boot holen?
- Ein Tipp für alle Situationen, in denen man innerlich in eine gedankliche Negativspirale zu versinken droht: Sagen Sie innerlich (oder laut) zu Ihren Gedanken STOPP oder lenken Sie sich ab, bis Sie innerlich zur Ruhe gekommen sind.
- Sehen Sie einfach einen Tag lang das Gute in den Dingen, über die Sie sich aufregen. Suchen Sie danach! Beispielsweise: Die Bahn kommt zu spät. Dann haben Sie vielleicht Zeit, in Ruhe Ihren Kaffee zu trinken. Oder noch kurz jemandem einen lieben Gruß zu schicken.
- Beobachten Sie sich, wann Sie innerlich in Wertungen über andere fallen oder wann in Ihnen ein Konkurrenzgefühl aufkommt. Oft hilft es bereits, sich dessen bewusst zu werden und sich innerlich davon abzuhalten. Als nächsten Schritt könnten Sie sich innerlich in eine dankbare Haltung versetzen und sich fragen, was Sie gerade von dieser anderen Person lernen können. Dies eröffnet manchmal erstaunliche Sichtweisen.
- Schauen Sie, was Sie zu einer vertrauensvollen Atmosphäre beitragen können. Kommunizieren Sie regelmäßig offen und ehrlich. Erzählen Sie, was Sie fühlen und glauben und geben Sie auch Fehler zu. (Beachten Sie dazu das Kapitel »Kommunikation«.) Seien Sie zuverlässig und halten Sie sich an Absprachen. Und denken Sie daran, Vertrauen braucht Zeit.

Und für diejenigen, die tiefer einsteigen möchten:

- Entwickeln Sie Ihre eigene Haltung, Ihr eigenes *budō*. Schreiben Sie auf, wofür Sie in Bezug auf Ihre körperliche und geistige Gesundheit einstehen möchten, was Ihre Haltung zu Ihrer Gesundheit ist, was Sie dafür tun möchten und was Sie nicht mehr gutheißen. Wo sind Ihre Grenzen? Und was versprechen Sie sich selbst?
- Haben Sie einmal Ihre Haltung durchdacht und mit Ihren Argumenten unterfüttert, wird es Ihnen leichter fallen, sie auch in einem Gespräch zu vertreten. Zudem werden Sie glaubwürdiger und zielbewusster wahrgenommen werden.

Kapitel 3:
Unser Gehirn und sein kreatives Potenzial

Die Selbstwirksamkeit lässt sich deswegen so gut umsetzen, weil unser Gehirn genau darauf ausgerichtet ist. Allerdings nutzen wir oft nicht die Potenziale, die es in sich trägt.

Faszinierende Entwicklungen in der Neurowissenschaft in den letzten zwanzig Jahren zeigen, dass wir mehr Einfluss auf unser Leben, unsere Gesundheit, unser Wohlbefinden haben als zuvor angenommen. Während wir in dem Glauben groß geworden sind, dass die Gene einen maßgeblichen Einfluss haben und unser Leben mindestens in gesundheitlichen Aspekten in vielerlei Hinsicht vorherbestimmt bzw. determiniert ist, ist die Wissenschaft mittlerweile dort angelangt, dass es auch zu einem Großteil die Umwelteinflüsse, die Art der Lebensführung sowie unsere Einstellungen und Gedanken sind, die unser Leben beeinflussen. Damit haben wir die Verantwortung und unser Leben in der Hand. Wir können es in großen Teilen selbst gestalten, unter der Voraussetzung, es auch zu *wollen*.

Und diese Fähigkeit wird im Theateralltag ganz besonders wichtig.

Unser unbegrenztes Potenzial ausschöpfen

Ein Meisterwerk und eine Goldgrube an ungenutztem Potenzial liegt in unserem Schädel: Das kleine ca. 1,3 Kilogramm schwere

Gehirn ist die Schaltstelle und Steuerungszentrale unseres ganzen Organismus. Mit zwischen 60 bis 100 Milliarden Nervenzellen* und in die Billionen gehenden Verbindungen ist sein Potenzial und seine Kapazität nahezu unbegrenzt. Aber natürlich nur, wenn wir es entsprechend fordern. »Wir sind verantwortlich für unser Gehirn, das sich als geselliges Wesen mit sozialen Bedürfnissen herausstellt.«**

Nachhaltige Änderungen müssen ganzheitlich sein

Unser Gehirn ist wesentlich mehr als eine Denkzentrale. Es ist die Schaltstelle zwischen Körper, Geist und Umwelt. Es ist der Dreh- und Angelpunkt, um in dem Geflecht unserer Gesellschaft agieren zu können und sowohl unsere Innenwelt als auch die Außenwelt zu integrieren.

Unser Gehirn verbindet den Körper zur Außenwelt und eröffnet den Zugang zur Innenwelt. Unser Körper ist unsere Membran zur Welt. Über komplexe vom Gehirn gesteuerte neurobiologische Vorgänge spiegeln sich im Körper unsere Denkweisen und Gefühle durch unsere Mimik, Haltung und unser Verhalten. Umgekehrt wirkt die Umwelt über die Sinnesreize, die im Gehirn verarbeitet werden, auf unseren Körper und beeinflusst damit auch unsere Denkweisen und Gefühle. Das Gehirn im Körper ist ein hochkomplexes und feintariertes Sensorium, das auf ein inneres Gleichgewicht ebenso wie ein äußeres Gleichgewicht bedacht ist und dazu viele Ausgleichsmechanismen hat.***

---

* Vgl. Gerhard Roth/Alica Ryba: *Coaching, Beratung und Gehirn*, Stuttgart: Klett-Cotta, 2016, S. 84 bzw. 87.

** Gerald Hüther: »Wozu brauchen BeraterInnen Wissen über Hirnforschung?« In: Renate Daimler/Insa Sparrer/Matthias Verga von Kibéd: *Basics der systemischen Strukturaufstellungen*, München: Kösel, 2008, S. 64.

*** Siehe Begriff der »Homöostase«, ein inneres Gleichgewicht, das Organismen aufrechtzuerhalten versuchen. In: Gerd Kaluza: *Stressbewältigung.*

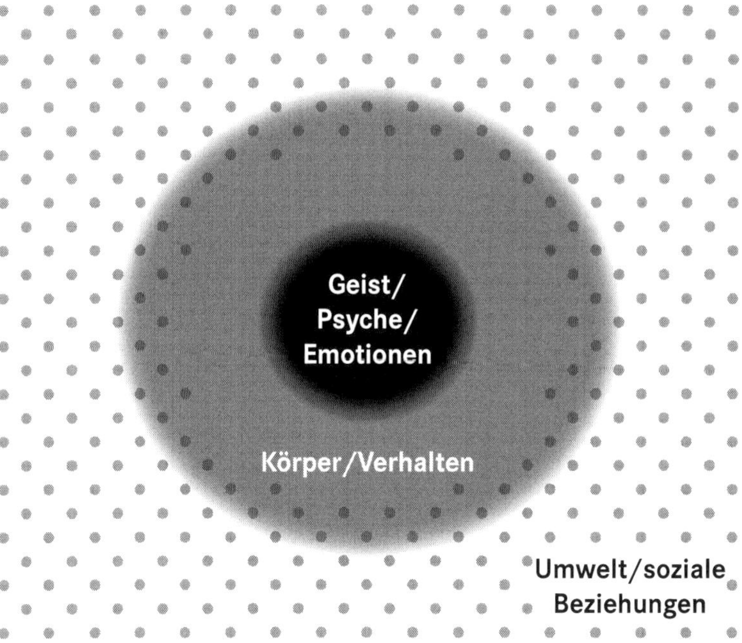

Der Körper als Membran zwischen Innen- und Außenwelt

Wenn wir beispielsweise auf einer abschüssigen Bühnenrampe (Einfluss der Umwelt) stehen, halten unsere Muskeln (körperliche Ebene) das Gleichgewicht. Wenn eine Regisseurin eine Idee hat (geistige Ebene), spricht oder zeigt sie (körperliche Ebene), was sie meint und bewirkt damit Änderungen in der Umwelt (soziale Ebene). Wenn ich mich aufrege (geistige Ebene), verändert sich mein Hormonhaushalt, meine Mimik, meine Bewegungen (körperliche Ebene) und beeinflusst das Verhalten anderer (soziale Ebene).

Trainingsmanual zur psychologischen Gesundheitsförderung, Berlin/Heidelberg: Springer, 2015, S. 18.

Ein ewiger Austausch

Somit sind wir in einem komplexen Geflecht miteinander verwoben: Ich bin in der Lage, durch meine inneren Gedanken meine unmittelbare Umwelt zu beeinflussen, genauso wie die Umgebung, in der ich mich aufhalte, mich beeinflussen kann.

Unser Gehirn ist über unsere Erfahrungen im Leben und über den Austausch mit anderen Menschen geprägt worden. Erfahrungen sind nachweisbare neuronale Verschaltungen, die ich durch Wiederholung zu festen Strukturen verankern kann. Unsere Selbstwahrnehmung ist eine Folge unserer Erfahrungen, die unser Denken, Handeln und Fühlen leitet.

Wenn ich mit meinem Tun meine unmittelbare Umwelt beeinflusse und sie mich, programmieren wir einander laufend um – zum Guten und zum Schlechten. Wie im Fluss, im ewigen Wandel, werden in jeder Sekunde, ja in Bruchteilen, neue Zellen geschaffen; wir verändern unseren gesamten Körper stündlich und in unserem Leben mehrfach komplett. Selbst unser Gedächtnis ändert sich kontinuierlich, so dass wir täglich zu leicht veränderten Menschen werden – sowohl in der Gegenwart als auch in der subjektiven Vergangenheit.*

Unser Verhalten entspricht der Natur, die sich ständig im Wandel befindet. Wandel ist demnach ein Normalzustand. Wir sind Lebewesen, die sich fortwährend wandeln, sich neu erfinden aufgrund von inneren und äußeren Einflüssen. Jede Kleinigkeit, die wir ändern, ändert auch das Gefüge, innerlich und äußerlich. Wie können wir diese Erkenntnis für uns nutzen?

Wenn wir unsere Gesundheit fördern möchten, benötigen wir den Blick auf diese systemischen Verbindungen. Wir haben ein enormes Gestaltungspotenzial, nur benötigen wir das Bewusstsein für die vielschichtigen Ebenen, die für eine nachhaltige Veränderung zu beachten sind.

---

* Siehe Roth/Ryba, a. a. O., S. 179.

Neuroplastizität: Wandelbarkeit ein Leben lang

Das Faszinierende an dieser Gestaltungsfähigkeit ist, dass sie nicht nur, wie früher angenommen, in jungen Jahren stattfindet. Die sogenannte Neuroplastizität,* die Fähigkeit des Gehirns sich zu wandeln, ist altersunabhängig. Bis zum Tod können wir Neues aufnehmen und unsere bisherigen neuronalen Strukturen verändern. Sicherlich wird Lernen und der Umgang mit dem Wandel mit zunehmendem Alter schwieriger, doch diese Erkenntnis hat eine große Wende in der Denkweise des Alterns gebracht. Eine große Folge dieser Erkenntnis ist der Aspekt des lebenslangen Lernens. Wir können jederzeit lernen, Erkenntnisse aufnehmen und selbst Grundsätzliches ändern – auch im hohen Alter. Was wir uns angewöhnt haben, können wir uns auch wieder (wenn auch möglicherweise etwas mühsamer) abgewöhnen – bis zu unserem Tod.

»So bin ich, ich kann nicht anders« ist damit ein Argument, das so nicht mehr stimmt. Ich *kann*, ob ich *will*, ist eine andere Frage.

Die Annahme, dass wir im Alter nicht mehr dazulernen müssen oder können, sitzt tief in uns. Was wir schon viele Jahre auf eine Art machen, ist derart automatisiert, dass wir es »im Schlaf« ausführen können. Das wirkt sich im Theater etwa in der Generationenproblematik aus. Ein Beispiel aus der Praxis: Ein junger Mitarbeiter, der die aktuellsten Beleuchtungstechniken aus seiner Ausbildung kennt, möchte Veränderungen einbringen. Der alteingesessene Chef blockiert jedoch sämtliche Neuerungen mit der Begründung, sie hätten es schon immer so gemacht.

Ein weiteres Beispiel liegt in den Gewohnheiten eines ganzen Systems. Hiermit sind viele Theater konfrontiert: »Wir hier im Haus haben es immer schon so gemacht.« Auch bei uns selbst

---

* Vgl. Louis Cozolino: *Ein gesundes, alterndes Gehirn. Beziehungen stärken, Einsicht gewinnen,* Freiburg im Breisgau: Arbor Verlag, 2010, S. 76.

gibt es viele alltägliche Handlungen, selbst Wege auf die Bühne oder in die Garderobe, die sich wiederholen.

Wir sind Gewohnheitstiere und was einmal als neuronal verschaltete Autobahn* im Gehirn eingespeichert ist, lässt sich leichter befahren als ein neu auszubauender Waldweg. Deswegen fällt es uns auch schwer, Gewohnheiten zu ändern, insbesondere dadurch, weil unser Gehirn Gewohntes durch Glückshormone belohnt.**

Doch auch dies lässt sich trainieren. Daher ist Weiterbildung im Theater so wichtig. Wer nicht in Übung bleibt und sich im Denkwandel oder Lernen übt, verliert irgendwann seine Fähigkeiten, und wer nicht weiter übt, weiß nicht, was er noch entwickeln kann. Eigentlich eine Banalität, und dennoch so wenig beachtet, dass beispielsweise viele Profimusiker und -sänger keinen Unterricht mehr nehmen.

Weiterbildung ist eine Wohltat auf vielen Ebenen: Das Gehirn durch Neues zu trainieren und geschmeidig zu halten, ist eine Demenzvorsorge. »Unser Gehirn möchte außerdem gern gefordert werden. Es braucht Probleme, Aufgaben, damit es sich entwickeln kann.«*** Durch das Training geraten wir in einen Flow-Zustand, wir entwickeln uns innerlich weiter, was Wandlung und Bereicherung bedeutet. Daneben trainieren wir unsere Nerven und stärken somit unsere Psyche. Denn ab einem gewissen Punkt erreicht nur derjenige, der die stärkere Psyche hat, das Ziel, wenn wir es mit dem Leistungssport vergleichen wollen.

Vor allem sollten wir als kreative Menschen offen sein für al-

---

* Siehe Gerald Hüther: *Biologie der Angst. Wie aus Streß Gefühle werden*, Göttingen: Vandenhoeck & Ruprecht, 2014, S. 57–70.

** Roth/Ryba, a. a. O., S. 217.

*** Gerald Hüther: »Wozu brauchen BeraterInnen Wissen über Hirnforschung?« In: Renate Daimler/Insa Sparrer/Matthias Verga von Kibéd, a. a. O., S. 65.

les Neue, für neue Entwicklungen und Verbindungen. Diese Grundhaltung ist eine entscheidende Voraussetzung.

Das Theater mit seinen kreativen Arbeitsabläufen und -prozessen und den damit einhergehenden Herausforderungen könnte ein idealer »gehirngerechter« Arbeitsplatz sein, wenn es da nicht noch eine biologische Reaktion unseres Körpers namens Stress gäbe, die – unkontrolliert – auf uns einwirkt. Es ist deshalb lohnenswert, ein Bewusstsein für Stress zu entwickeln und vor allem zu lernen, wie man damit umgeht.

Wenn Stress mein Potenzial verhindert

Der Begriff »Stress« kommt ursprünglich aus der Materialprüfung. Man setzte Material Belastungen aus und untersuchte die Strapazierfähigkeit, ob es – ohne äußere Krafteinwirkung – wieder in die ursprüngliche Form zurückkehrte bzw. ab welchem Zeitpunkt es bleibende Schäden aufwies. In den 1950er-Jahren hat der Stressforscher Hans Selye diesen Begriff auf Menschen übertragen. Nach seinem Konzept unterscheidet man zwei Arten von Stress: den positiven Stress (»Eustress«) und den negativen Stress (»Disstress). Im allgemeinen Sprachgebrauch benutzen wir den Begriff Stress meist in Bezug auf negative Erfahrungen, es beschreibt alles, was überfordert, lähmt, unangenehm und als belastend empfunden wird. Bei positivem Stress sprechen wir im Alltag eher von spannenden, aufregenden Herausforderungen. Eustress fördert die maximale Leistungsfähigkeit des Körpers und erhöht die Aufmerksamkeit, ohne dem Organismus oder der Psyche zu schaden, am Ende überwiegen die Glücksgefühle. Insofern ist Stress an sich nicht schlecht, solange er in Maßen auftritt und für uns positiv besetzt ist.*

---

* Siehe Jon Kabat-Zinn: *Gesund durch Meditation*, München: Knaur Mens-sana Verlag, 2013, S. 287.

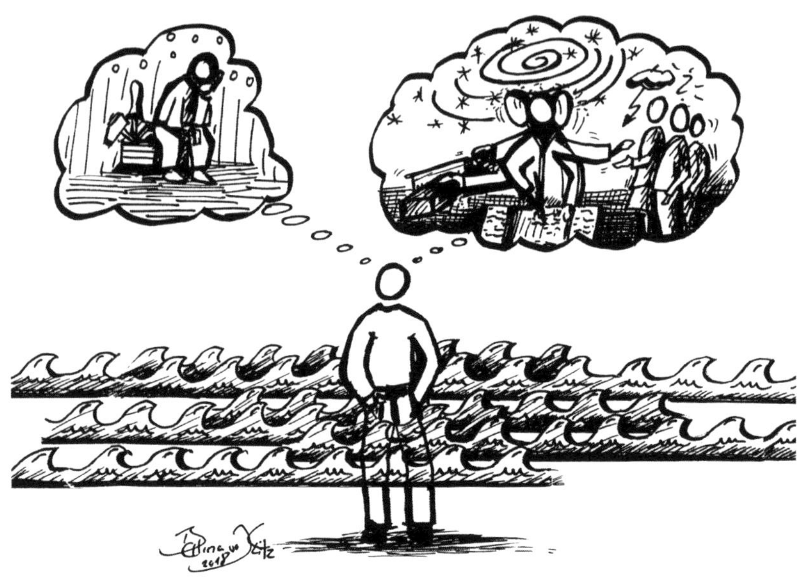

Wohlfühlfluss im Arbeitsalltag

Das optimale Stressmaß für jede Aufgabe

Bei einer Stressreaktion, die im Folgenden näher erläutert werden soll, handelt es sich zunächst einmal um eine reine Aktivierungsfunktion des Körpers, der sich im Idealfall genau auf die zu lösende Aufgabe einstellt. Wie wir gesehen haben, liebt unser Gehirn Herausforderungen, an denen es wachsen und seine ganzen Potenziale einsetzen kann. Es ist ausgelegt, um Schwierigkeiten zu lösen. Am wohlsten fühlen wir uns, wenn wir für uns sinnvolle, spannende Aufgaben zu lösen haben, die uns herausfordern, von denen wir wissen, dass wir sie lösen können, auch wenn es uns Anstrengung kostet.

Jede Aufgabe hat ein optimales Aktivierungsniveau, das heißt einen Grad an innerer Wachheit und Teilnahme, vielleicht sogar Aufgeregtheit, um die Aufgabe optimal ausführen zu können.

Wenn wir zu träge, müde oder mit einer zu großen Gelassenheit auf die Bühne gehen, verschlechtert sich die Leistung genauso wie bei zu großer Aufregung. Beide Male nutzen wir nicht die gesamten Potenziale, die bei einer angemessenen Wohlspannung entstehen.

Das heißt auch, dass wir nicht nur durch Überforderung, sondern auch durch Unterforderung gestresst sein können. Während sich bei Überforderung Ängste einstellen können, das Selbstvertrauen sinkt, sich ein Gefühl der Ohnmacht einstellen kann und wir im schlimmsten Fall krank werden, fühlen wir uns bei Unterforderung gelangweilt, träge, frustriert und genervt. Viele Konflikte in Gruppen entstehen oft in ruhigeren Phasen, wenn nichts zu tun ist. So führt das eine zum Burn-out (Ausgebranntsein, ein Zustand völliger psychischer und körperlicher Erschöpfung) und das andere zum Bore-out (Langeweile, ein Zustand ausgesprochener Unterforderung).

Wir fühlen uns genau dann wohl, wenn wir an einer Aufgabe wachsen und reifen können. Wie die Illustration zeigt, heißt das aber auch, dass der Flow-Zustand nur durch Entwicklung beibehalten werden kann. Was uns an Herausforderung bisher glücklich gemacht hat, wird uns – wenn sie gleichbleibt – auf Dauer langweilen. Was uns zunächst überfordert hat, hat die Chance, uns durch Gewöhnung in den Flow-Zustand zu bringen. Im Idealfall bewegen wir uns in diesem Kanal hin und her, zwischen wachsenden Herausforderungen und den sich ebenfalls entwickelnden Fähigkeiten.

Damit wird auch deutlich, dass Herausforderungen grundsätzlich notwendig sind. Wir benötigen regelmäßige Aufgaben, die uns leicht aus dem Bekannten, aus unserer Komfortzone herausbringen. Denn nur so kommen wir in den Lernbereich, der Wachstum ermöglicht. Bleiben wir immer nur in der Komfortzone und fehlen uns letztlich die kleinen Erfolgserlebnisse, die unserer natürlichen Wachstumsfreude entsprechen, wird diese Zone immer kleiner. Wir erstarren förmlich.

Denn Wachstum und Lust am Lernen ist unser Gehirn-Elixier und damit auch eine Quelle für Freude und Spaß an der Arbeit und am Leben.

Das eingebaute biologische Alarmprogramm

Schwierig wird das Arbeiten dann, wenn das Stressniveau zu hoch wird oder die Stressreaktion für die heutigen Lebensumstände unangemessen ist.

Die biologische Stressreaktion ist ein uraltes Alarmprogramm. Der Höhlenmensch der Steinzeit musste täglich um sein Leben fürchten. Schon damals war Stress ein von der Natur in uns angelegtes Programm zur Lebens- und Überlebensbewältigung. Heute steht das existenzielle Überleben nicht mehr im Vordergrund, dennoch handelt unser Programm so dramatisch wie in früherer Zeit.

Sobald wir eine Situation als »belastend« einschätzen – z. B. wenn wir den Schlüssel verloren haben, unser Auto nicht anspringt oder wir zu spät zu einem Termin kommen –, handelt unser Körper so, als ginge es um Leben und Tod.

Auslösende Reize gibt es dabei viele. Sie können über verschiedene Ebenen ausgelöst werden. Hier eine Auflistung von Beispielen sogenannter »Stressoren« und die dazugehörigen Ebenen, die wir im Theater vorfinden:

- *die körperliche Ebene:* Lärm im Orchestergraben; Durchzug auf der Bühne, schlechte Luft; enge Garderoben; schwere oder unbequeme Kostüme; herausfordernde Bühnenbilder; unangemessene oder keine Proberäume.
- *die mentale Ebene:* Zeitdruck; schlechte Dispo; Unerwartetes auf der Bühne; Leistungsdruck; Lampenfieber; Existenzangst durch schlechte Bezahlung und befristete Verträge; Ängste vor gewissen Bühnensituationen oder vor dem eigenen Versagen.

- *die soziale Ebene:* Konkurrenz; Mobbing; interkulturelle Missverständnisse; Generationenkonflikt; starke Hierarchieverhältnisse; mangelndes Führungsverhalten; ungünstige Kommunikation mit Vorgesetzten, Kollegen und den Gewerken; Neid; das Gefühl, ungerecht behandelt zu werden und zu wenig Wertschätzung zu erfahren.

Eine Stressreaktion ist ein komplexer Prozess: Der französische Arzt und Hirnforscher David Servan-Schreiber beschreibt ihn anschaulich in seinem Buch *Die neue Medizin der Emotionen*. Laut Servan-Schreiber verfügen wir über zwei recht unabhängige »Gehirne«: das emotionale, das aus dem Stammhirn und dem sogenannten limbischen System besteht, und dem evolutorisch neueren kognitiven, das die Großhirnrinde umfasst. Während das kognitive Gehirn rational denkt, sich der Welt gegenüber öffnet und ein Bewusstsein hat, ist das emotionale Gehirn auf das Überleben bedacht und eng, auch physiologisch, mit dem Körper und dem Organismus verbunden. Hier läuft alles unbewusst ab. Wie ein Wächter im Hintergrund lässt es das kognitive Gehirn so lange in Ruhe, bis eine vermeintliche Gefahr droht. Dann sorgt es dafür, dass wir das, was wir gerade gedacht oder getan haben, sofort unterbrechen und unsere Aufmerksamkeit auf die Gefahr konzentrieren, bis sie vorüber ist. Bei einem lauten Knall drehen wir uns um und schauen, was passiert ist und ob wir uns retten müssen. Wenn es die Gefahr für zu hoch einschätzt, kann es das kognitive Gehirn auch völlig ausschalten. Es sitzt sozusagen am roten Knopf. In einem blitzschnellen Kurzschlussverfahren werden alle Überlebensgeschütze aufgefahren. Der Körper wird über ein komplexes Zusammenspiel aus elektrischen Impulsen über das Nervensystem und hormonellen Veränderungen über die Blutbahnen bereit gemacht zum Kampf oder zur Flucht. Im

Extremfall erstarrt er oder verliert das Bewusstsein in Form einer Ohnmacht.*

Alle Fähigkeiten wie Kreativität, bewusstes, ethisches oder logisches Handeln, Planen, Sprechen, Denken, Wahrnehmen und Erinnern fallen aus oder werden eingeschränkt. Wir handeln automatisch, nach alten, eintrainierten Mustern, die das emotionale Gehirn einst abgespeichert hat als günstige Überlebensstrategien, die sich allerdings für die aktuelle Situation oft als überholt und ungünstig herausstellen.

Die Schwierigkeit ist, dass das emotionale Gehirn wesentlich schneller handelt, leider oft aufgrund von ersten, bruchstückhaften Eindrücken, die gerne auch falsche Informationen beinhalten können. Bei vermeintlicher Gefahr wartet es nicht darauf, dass das kognitive Gehirn seine Analyse abgeschlossen hat, sondern greift gleich ein. Je stärker die Emotionen sind, die mit diesen Reizen gekoppelt sind, desto heftiger schlägt das emotionale System Alarm, wenn es nur ansatzweise einen ähnlich gearteten Reiz wahrnimmt.

So werden auf der vegetativ-hormonellen Ebene, also im Bereich des Nervensystems und der Organe, verschiedene Prozesse in Gang gesetzt. Die Hormone Adrenalin, Noradrenalin und Cortisol werden ausgeschüttet, der Atem geht schneller, wir werden »nervös«. Herz und Kreislauf werden aktiviert, die Pupillen weiten sich, Schweißreaktionen treten auf, kalte Hände, weiche Knie oder ein beklemmendes Gefühl im Hals und in der Brust breitet sich aus. Der Magen-Darm-Trakt wird sensibilisiert, der Körper entledigt sich von überflüssigem Ballast: Durchfall, Übelkeit und Erbrechen sind möglich.

Auf muskulärer Ebene kommt es ebenfalls zu Auswirkungen.

---

* David Servan-Schreiber: *Die neue Medizin der Emotionen. Stress, Angst, Depression: Gesund werden ohne Medikamente*, München: Goldmann, 2003, S. 33–42.

Die Muskulatur spannt sich an, die Mimik erstarrt, wir beginnen zu zittern, ein Augenlid zuckt, die Stimme versagt, wir knirschen mit den Zähnen oder trommeln mit den Fingern, gestikulieren nervös.

Auf der emotionalen Ebene entstehen Angst, Panik, Wut, Verunsicherung, Nervosität oder Gereiztheit. Es kommen Versagensängste auf.

Auf der kognitiven Ebene, der Ebene des bewussten Denkens und des Verstandes, verengt sich die Wahrnehmung auf die aktuellen Reize. Wir können uns kaum noch konzentrieren, Gedanken kreisen nur noch um das Gleiche, ein Tunnelblick oder eine Leere im Kopf entsteht, es kommt zu Denkblockaden und Blackouts.

Summieren sich diese vielen kleinen Reize, die uns ständig in dramatische Alarmbereitschaft versetzen, über Tage und Wochen, kommen wir nicht mehr zur Ruhe, ein Gefühl existenzieller Bedrohung stellt sich ein. Viele Künstler werden es aus eigener Erfahrung kennen: Wenn die innere Anspannung das Wohlspannungs- und Motivierungsmaß übersteigt, stellt sich kein kreativer Prozess mehr ein. Ganz im Gegenteil: Ein lähmender Zustand tritt ein; er kann im schlimmsten Fall sogar tödlich enden.

Auf die individuelle Bewertung kommt es an

Wie können wir Stress verhindern? Oder besser: Wie können wir das emotionale Gehirn steuern? Die Lösung liegt in der *Bewertung* von Situationen oder Reizen. Während sich die eine Sängerin auf das Vorsingen freut, weil sie einfach ausprobieren will, wie ihr Marktwert ist, liegt beim Sängerkollegen die Existenzsicherung an diesem Engagement und er fühlt sich elend.

Die gute Nachricht ist, dass wir zum einen unser emotionales Gehirn derart umprogrammieren und trainieren können, dass es nicht mehr (oder zumindest nicht mehr so heftig) auf Reize, die mit Vergangenem gekoppelt sind und dementsprechend negative

Reaktionen auslösen, reagiert, sondern dass es gegenwärtige Situationen angemessener einschätzt. Wir können »cooler« bleiben. Zum anderen können wir auch gegen unsere Instinkte, Gelüste und Gefühle bewusst handeln. Beispiele: Ich habe große Lust auf eine dritte Portion Eis, bestelle sie mir dann aber doch nicht. Ein Sänger hätte zwar Freude an einem weiteren Engagement, weiß aber, dass er sich damit die Stimme unnötig belasten würde und lehnt das Angebot ab. Bei der Bewertung spielen unsere Erziehung und Erfahrungen eine wichtige Rolle, sie fällt also individuell unterschiedlich aus. Somit sind auch unsere Stressreaktionen individuell verschieden.

Damit im Theater Neues entstehen kann

Wie können wir diese Erkenntnisse für die Arbeit im Kulturbetrieb nutzen? Von Natur aus ist die Arbeit im Theater eher stressfördernd als entspannt. Ohne Lampenfieber und Aufregung wären Künstler nicht Künstler geworden: Der Nervenkitzel macht sicherlich (in angemessenem Maße) den Reiz der Arbeit aus. Es sind vor allem die Rahmenbedingungen am Theater – die Strukturen, die Arbeitsorganisation und der Umgang miteinander –, die ich im ersten Kapitel ausführlich beschrieben habe, die den negativen Stress auslösen. Und genau dort sollte man ansetzen. Die Arbeit an und Auseinandersetzung mit diesen Themen ist nicht nur aus gesundheitlichen Gründen sinnvoll, sondern fördert auch die Existenz und Legitimation des Theaters als Kreativschmiede. Denn wie wir gesehen haben, gibt es eine neurobiologische Erklärung dafür, dass in der Theaterkunst auf Dauer wenig Neues entstehen wird, wenn wir nicht langfristig an den stressauslösenden Rahmenbedingungen ansetzen. Es ist auffallend, dass Künstlergruppen, die mit einer ungewöhnlichen neuen Idee gestartet sind, sich – wenn der Erfolg sich eingestellt hat und durch viele Aufträge der Zeitdruck steigt – letztlich meist nur wiederholen, auch wenn sie Lust hätten, Neues zu produzieren. Doch ihnen fehlt die Ruhe, um etwas Neues zu entwickeln. Zu starker, negativer Stress tötet den Zugang zu unserer Kreativität, zu unserer Musikalität, Intuition, Erfahrung und zu unserem Wissen, selbst zu unserer Feinmotorik. Unter Stress werden nur alte, bekannte Verschaltungen genutzt, so dass wir auf alte Muster zurückgreifen. Nur in einem als sicher empfundenen, geschützten Rahmen werden auch Wagnisse eingegangen und es können sich neue neuronale Verknüpfungen langsam festigen. »Generell befindet sich das Gehirn, wenn es ihm gut geht, in einem ›Flow‹-Modus. Wenn es sich ›zurückzieht‹, muss etwas passiert sein, das ihm unangenehm ist. Um aus diesem Problemzustand wieder herauszukommen, braucht es Beziehung, Wertschätzung, Sinngebung usw.«*

Da wir jetzt und heute nicht das gesamte System ändern können, geht es in den nächsten Kapiteln darum, dass jede Künstlerin und jeder Künstler erst einmal für sich schauen muss, wie sie bzw. er mit ihrer bzw. seiner eigenen Stressreaktion achtsamer und gesünder umgeht oder sie möglichst wenig heraufbeschwört.

---

* Gerald Hüther: »Wozu brauchen BeraterInnen Wissen über Hirnforschung?« In: Renate Daimler/Insa Sparrer/Matthias Verga von Kibéd, a. a. O., S. 66.

Anregungen, wie Sie die Inhalte dieses Kapitels für sich nutzen können:

… zum Thema ›Weiterbildung‹:

- Bilden Sie sich weiter, auch wenn Sie einen sicheren Arbeitsplatz haben. Ihr Gehirn wird Ihnen danken und Sie mit Glückshormonen belohnen. Eine tiefe Freude entsteht, wenn wir etwas für uns Bereicherndes gelernt haben. Nehmen Sie Weiterbildungen in Anspruch, die in Ihrem Haus angeboten werden, auch wenn sie in die Freizeit fallen sollten. Sie tun Ihrem Handwerk gut, weil Sie etwas Neues erfahren und weil Sie auch erkennen, was Sie alles schon können. Daneben lernt man die Kollegen auch auf eine andere Art kennen.
- Fragen Sie bei der Personalabteilung, der Fachkraft für Arbeitssicherheit oder im Personalrat nach Weiterbildungen. Bedenken Sie, dass Sie möglicherweise Anspruch auf Weiterbildungsurlaub haben. Hilfreich ist auch, bei der Technik nachzufragen. Erfahrungsgemäß gehen die technischen Mitarbeiter regelmäßig auf Fortbildungen. Möglicherweise haben sie gute Ansprechpartner für Ihr Haus.
- Wenn das Theater keine internen Weiterbildungen anbietet, versuchen Sie privat Seminare, Workshops und Kurse in regelmäßigen Abständen wahrzunehmen.
- Viele öffentliche Theater sind an die städtischen Betriebe angeschlossen und können damit auch auf das Angebot der Stadt zurückgreifen. Hier lohnt es sich, beim zuständigen Amt anzurufen.

… zum Umgang mit eigenen Stressoren:

- Sicherlich ist Ihnen das Schild »Im Brandfall Ruhe bewahren« schon begegnet. Es geht darum, in Notsituationen nicht den »Kopf zu verlieren«! Machen Sie sich Ihr eigenes inneres Schild »Im Stressfall Ruhe bewahren« und atmen Sie »im Notfall« mehrmals tief durch.

- Schauen Sie sich die Bereiche an, die Sie derzeit »stressen«. Fühlen Sie sich eher »unterfordert« oder »überfordert«? Beachten Sie, dass Sie sich auch in Bereichen, die sie unterfordern, weil Sie beispielsweise die Themen nicht interessieren, durch die Menge der Aufgaben überfordert fühlen können. Unter- und Überforderung können also gleichzeitig auftreten.
- Überlegen Sie sich, ob Sie bei den überfordernden Situationen Ideen haben, was Sie benötigen (Unterstützung, weitere Ausbildung etc.), um die Menge zu reduzieren oder optimaler bündeln zu können.
- Fühlen Sie sich in einem Bereich unterfordert, dann schauen Sie, wie Sie die Themen oder gar ein anderes Lebensfeld spannender gestalten können, so dass es Sie nicht mehr stört, in diesem Bereich unterfordert zu sein. Möglicherweise können Sie auch mit Kollegen tauschen, denen diese Bereiche eher liegen.
- Was die Psyche angeht, können Sie auch eine therapeutische Begleitung über die Krankenkasse in Anspruch nehmen oder ein berufsbegleitendes Coaching. In unserer komplexer werdenden Gesellschaft benötigen wir auch komplexere Herangehensweisen. Holen Sie sich Unterstützung, wo Sie können. Es ist kein Zeichen von Schwäche, sondern von vorausschauender Klugheit.

… zum Thema ›Kreativität‹:

- Viele Rahmenbedingungen blockieren im Theater eher die Kreativität, als dass sie sie fördern. Das wissen wir. Doch jammern nützt nichts. Schauen Sie, was Sie für sich tun können, um Ihr Kreativitätspotenzial zu erhalten, und

sorgen Sie für sich. Welche Kreativitätsfreiräume brauchen Sie? Können Sie eigene Projekte initiieren? Haben Sie bereits Ihre Führungskräfte auf Missstände hingewiesen und »kreative« Ideen zur Lösung vorgeschlagen? Wenn Sie dort nicht weiterkommen, was können Sie tun, damit es Ihnen besser geht? Welche kleinen Änderungen im Alltag lassen sich bewerkstelligen?
Vielleicht können Sie sich auch mit ähnlich denkenden Kollegen zusammentun und sich gemeinsam stützen.

- Oft ist den Führungskräften oder der Theaterleitung nicht bewusst, welche einfachen Veränderungen Ihnen bereits helfen könnten. Binden Sie sie bei Gelegenheit ein und fragen Sie nach. Bieten Sie dabei gleichzeitig praktikable Lösungen an.

Kapitel 4:
Methoden zur Stressbewältigung

Was kann ich tun? Wie erschaffe ich mir einen kreativen Arbeitsort im Theater, auch wenn die Strukturen derzeit noch suboptimal sind?

Der Wandel beginnt mit mir selbst. Ich kann mich ändern und verändern. Gleichzeitig bin ich in der Lage, auf Strukturen und Rahmenbedingungen in meiner unmittelbaren Umgebung einzuwirken – auch in den vermeintlich so festgefahrenen Theaterstrukturen. In den folgenden Kapiteln geht es daher zum einen um die Entwicklung und Festigung einer gesunden Widerstandskraft, was gerne mit Resilienz bezeichnet wird, um den widrigen Umständen besser begegnen zu können. Zum anderen soll aber auch die Motivation geschaffen werden, wie ich durch meine Veränderung und mein Verhalten meine Umgebung positiv beeinflussen kann.

In diesem Kapitel richten wir den Blick auf uns selbst, auf die körperliche und mentale Selbstregulation, auf die Art, wie wir mit Stress umgehen, auf unsere körperlichen Gewohnheiten und Gedankenmuster bzw. Verhaltensweisen im Alltag. Die darauffolgenden Kapitel beschäftigen sich mit dem Sozialverhalten, also mit der Kontakt- und vor allem Konfliktfähigkeit mit der Außenwelt. Die Auseinandersetzung mit meinen eigenen Emotionen, meinem körperlichen Verhalten und meinen kommunikativen Fähigkeiten wirkt sich auf den Umgang mit anderen Menschen aus.

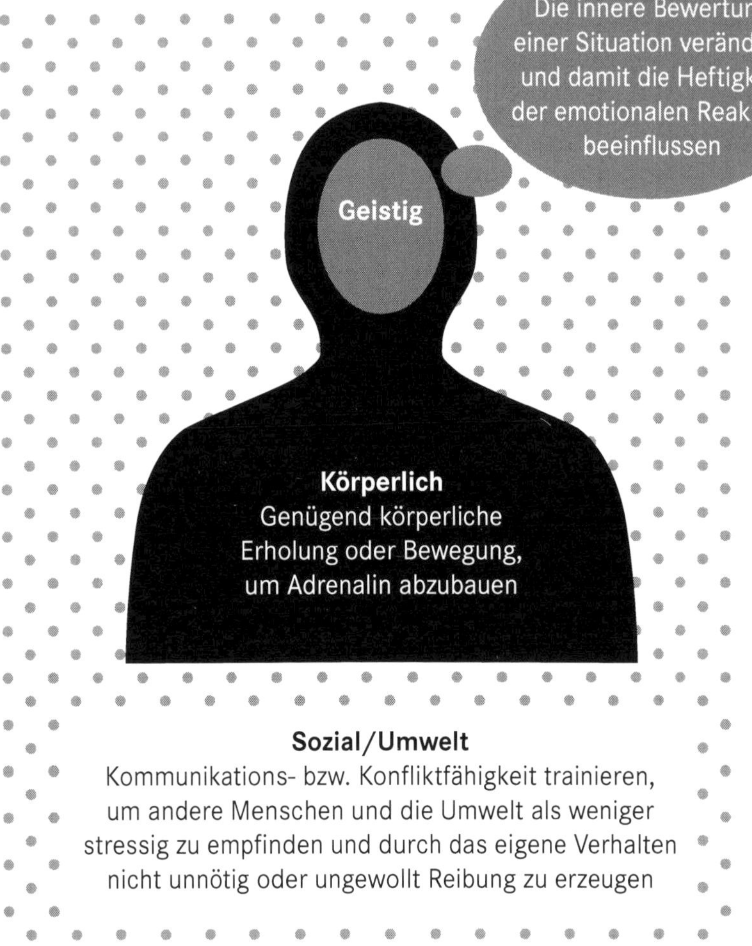

Ziele für einen gesunden Umgang mit Stress

Die Kunst der Achtsamkeit

Die Voraussetzung, um die eigenen Potenziale zu entwickeln, ja sie überhaupt erst einmal zu erkennen, ist die Fähigkeit, sich selbst wahrzunehmen. Eine bewusste Selbstwahrnehmung ist die Grundlage, um unsere Reaktionen, Emotionen und Handlungen genauer zu beobachten – was und wie wir etwas tun. Essen wir hektisch oder genussvoll? Halten wir uns aufrecht in einem schwierigen Gespräch oder knicken wir ein? Welche Gefühle spüren wir, wenn wir mit einer ungeliebten Kollegin sprechen? Welche inneren Selbstgespräche oder Gedankenfilme werden von einem Kommentar ausgelöst, den wir als ungerecht empfinden? Welche Worte nutzen wir, wenn wir Kritik geben? Gehen wir überhaupt in ein Konfliktgespräch oder vermeiden wir es? Erst wenn wir wissen, was und wie wir etwas tun und es bewusst wahrnehmen, können wir – wenn es sinnvoll ist – etwas ändern.

Diese Fähigkeit nennt man *Achtsamkeit*.

Was ist Achtsamkeit?

Achtsamkeit ist das bewusste Lenken der Aufmerksamkeit auf den Augenblick. Wir beobachten neutral, ohne zu werten, alles, was wir denken, fühlen, tun und sind. Das kann auch der Klang des Windes sein, der Regen auf dem Gesicht, das Geräusch eines Schlagbohrers. Es kann der Spannungsschmerz in der Schulter sein. Aber es kann auch der plötzliche Gedanke mitten in einer Spielszene auf der Bühne sein – dass wir z. B. später noch Brot kaufen müssen. Oder die plötzliche Gereiztheit, wenn ein Kollege wieder zu spät zur Probe kommt oder das kribbelnde Glücksgefühl, wenn eine Szene gut gelaufen ist.

Die Kunst der Achtsamkeit liegt in der bloßen Wahrnehmung einer Emotion oder einer körperlichen Reaktion, ohne sie bewerten oder verändern zu wollen. Es geht zunächst nur darum, den Ist-Zustand zu erfassen.

Gerne wird Achtsamkeit mit Konzentration verwechselt. Doch das sind zwei sehr unterschiedliche Gedankenzustände. Konzentration bedeutet, es gibt eine ganz bestimmte Sache, auf die wir gezielt (und meist mit gewisser Anstrengung) unsere Aufmerksamkeit lenken. Wir fokussieren uns und blenden dabei viele Aspekte aus. Zudem können wir uns auf alles Mögliche konzentrieren, auf Themen der Vergangenheit wie auch auf Pläne, die in der Zukunft liegen.

Achtsamkeit hingegen bedeutet im Augenblick zu sein, im Hier und Jetzt, sich selbst wahrzunehmen mit allen Gefühlen, Gedanken, Verhalten und Impulsen. Ganz wichtig dabei ist, die Beobachtungen anzunehmen und nicht zu beurteilen. Das Ziel dabei ist es, sich nicht mit den eigenen Emotionen zu verwickeln, sondern sehr bewusst jeden Augenblick und jede Erfahrung aufzunehmen und auch die Emotionen in Ruhe zu beobachten. Wie ein distanzierter Zuschauer.

Es gilt, den sogenannten Autopiloten, der unser Verhalten unbewusst und automatisch steuert, wahrzunehmen. Viele Verhaltens- oder auch Denkmuster in unserem Leben haben wir erlernt oder übernommen. Die Art, wie wir gehen und uns kleiden, was wir über bestimmte Dinge denken, was wir als angenehm oder weniger passend, gut oder schlecht empfinden – vieles hat sich tief in uns eingeprägt. Diese automatisierten Muster laufen unbewusst ab und steuern unser Handeln.

Nicht alle diese Prägungen sind für unseren Alltag günstig, manche wirken sich regelrecht hinderlich aus. Wir können sie ändern, müssen uns ihrer aber zunächst bewusst werden.

Achtsamkeit bedeutet, ein Bewusstsein dafür zu entwickeln, was wir im Moment tun, was uns innerlich beschäftigt und was wir nach außen senden, ohne gleich wieder von unseren Emotionen überrannt zu werden; sich schuldig zu fühlen, Angst zu bekommen oder sich zu schämen. Wir nehmen unsere Emotionen wahr, ohne uns von ihnen regieren zu lassen, und verstehen sie als Wegweiser. Mit ein wenig Übung kann man sich selbst in aufgewühlten, emotionalen Situationen mit einer gewissen Distanz betrachten und entsprechend klarer und ruhiger reagieren. Daher werden Achtsamkeitstrainings zur Erhöhung der Konzentration, als Prävention gegen Überforderung und im Umgang mit schweren Krisensituationen angeboten.

Eine klassische Achtsamkeitsübung ist die Meditation, die es nicht nur in der östlichen Tradition, sondern auch in der westlichen spirituellen Tradition gibt. Eine wissenschaftlich erwiesene Methode zur Stressreduktion ist die MBSR-Methode (Mindfulness-Based Stress Reduction) von Jon Kabat-Zinn, die eine Verbindung aus Sitzmeditation, Body Scan (die achtsame und bewusste Wahrnehmung des Körpers in Ruhe) und Übungen aus dem Hatha Yoga umfasst.

Doch wir können auch einzelne Momente im Alltag zu Achtsamkeitsübungen machen. Im Grunde sollte jede Aufführung im Idealfall eine Achtsamkeitsmeditation sein: Wir befinden uns in einem Zustand des völligen Seins im Moment auf der Bühne in Kontakt mit dem Publikum.

ÜBUNG:

Diese Übung lässt sich gut in den Probenalltag integrieren: Nehmen Sie sich bewusst jeden Tag zehn Minuten Zeit (ideal sind die kurzen Pausen während einer Probe, in der man nichts zu tun hat), und beobachten Sie sich selbst und ihre Umgebung in einem Zustand der Achtsamkeit. Schauen Sie, was gerade um Sie herum passiert und was es mit Ihnen macht: Wie reagiert Ihr Körper, welche Gedanken kreisen in Ihrem Kopf? Versuchen Sie bewusst die Rolle des neutralen Beobachters einzunehmen. Schauen Sie sich den Fluss Ihrer Gedanken wie einen Film von außen an, ohne sich in die Geschichte emotional zu verwickeln, und lassen Sie ihn wie

Wolken an Ihrem geistigen Auge vorbeiziehen. Achten Sie darauf, wie diese Übung Ihre Wahrnehmung nach einer Woche verändert (nach einem Monat, nach einem Jahr). Sie können auch Tagebuch führen und Ihre Erfahrungen aufschreiben.

Erholungsmethoden: Wie komme ich nach stressigen Situationen »runter«?

Mit der Achtsamkeit haben wir ein Grundinstrument, mit dem sich nun alle weiteren Methoden, die ich im Folgenden vorstelle, gut kombinieren oder vertieft umsetzen lassen. Um eine sinnvolle Übersicht zu erhalten, habe ich die Methoden an der Abfolge der Stressreaktion aufgehängt. Wie die Grafik zeigt, besteht die Stressreaktion aus drei Stufen: Zunächst wirkt ein Reiz auf uns ein. Dieser kann äußerlich sein, wenn zum Beispiel der Dirigent die Probe mit einem »Nein, nein, nein!« unterbricht. Oder innerlich beispielsweise in Form von Gedanken, wenn ich mir vor einer Solo-Stelle einrede, dass ich es nicht kann und es schon in der Probe verpatzt habe. In der zweiten Stufe findet eine innere Bewertung statt, ob die Situation gefährlich oder ungefährlich ist und welches Ausmaß an Gefahr sie bietet. Wenn ich mich kurz vor dem Scheitern wähne, klingeln die inneren Alarmglocken laut und kräftig. Wenn ich bei der Probenunterbrechung des Dirigenten denke: »Ach, ist die Probe schon vorbei?«, stehen sie still, ich bleibe ruhig und gelassen.

Um entsprechend bewusster und gesünder mit Stress umzugehen, können wir auf allen diesen Stufen ansetzen: Am Reiz selbst, an unserer Bewertung und bei stattgefundener Stressreaktion. In den folgenden Kapiteln schauen wir uns jede dieser drei Stufen an und was wir tun können, um entweder die Reize zu reduzieren, unsere Bewertungen zu ändern oder Maßnah-

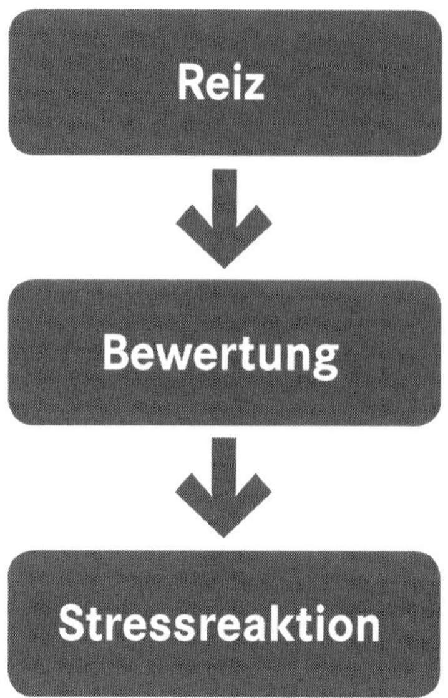

Stressbewältigung kann auf drei Ebenen stattfinden.*

men zu ergreifen, wenn wir uns gestresst fühlen. Da Letzteres am einfachsten ist, beginne ich in umgekehrter Reihenfolge zur grafischen Darstellung. Was können wir also machen, wenn wir gestresst sind?

Wenn man unter Strom steht …

Stress wirkt wie ein Vergrößerungsglas und bläht alles auf. Um eine Situation oder ein Problem so realistisch wie möglich einschätzen zu können, ist es zunächst wichtig, sich selbst in eine ruhige Verfassung zu bringen. Denn sonst kämpfen wir gegen vermeintliche Probleme, die sich als harmlose Windmühlen entpuppen.

Hat die Stressreaktion stattgefunden und kommen wir beispielsweise abends nach einer unproduktiven Probe oder einer

* Vgl. Gerd Kaluza: *Stressbewältigung. Trainingsmanual zur psychologischen Gesundheitsförderung,* a. a. O., S. 63.

anstrengenden Aufführung oder nach einem Tag voller Termine, schwieriger und nervenzehrender Auseinandersetzungen und unangenehmer Erlebnisse völlig ausgelaugt nach Hause, lässt sich einiges tun, um wieder »runterzukommen«.

Es gibt verschiedene physische Methoden, die ich den Bereichen »Bewegung« und »Entspannung« zuordnen möchte.

Die biologische Stressreaktion setzt unter anderem Adrenalin frei, ein schnelles Stresshormon, das den Körper in Alarmbereitschaft versetzt. Der Puls steigt, die Muskulatur spannt an, die Atmung wird schneller. Geraten wir also in Druck- oder Stresssituationen, reagiert unser Körper massiv. Er ist dann bereit, alles zu geben. Diese enorme körperliche Anspannung kann im Bühnenalltag meistens nicht »ausbewegt« werden. Oft reagiert man dann mit ungezügelten verbalen Attacken, um sich Luft zu verschaffen, oder schluckt Wut und Ärger hinunter. Die erste Reaktion führt zu heftigen Gegenreaktionen und allgemein zu schlechter Stimmung und die zweite auf Dauer zu Frust und Ohnmachtsgefühlen. Beide sind auf Dauer ungesund.

Sollte der Stresspegel wieder einmal steigen, hilft als Sofortmaßnahme intensive Bewegung: So könnte man im Anschluss einer anstrengenden Probe einmal zügig durchs gesamte Treppenhaus gehen oder den Heimweg zu Fuß oder mit dem Fahrrad antreten (oft lohnt auch ein kleiner Umweg). Besser wäre es gar, wenn man versucht, sich regelmäßig zu bewegen.

Aktive Bewegung – Körperarbeit für die Kunst

Aktive körperliche Bewegung hat folgende positive Auswirkungen: Sie baut Stresshormone ab, die überschüssige Energie wird abgeleitet. Der Stoffwechsel wird angeregt und wir entgiften uns körperlich. Bewegung fördert die gesamte körperliche Fitness, stärkt das Immunsystem und wirkt sich durch die Ausschüttung von Endorphinen (den körpereigenen Glückshormonen) auch belebend auf die Psyche aus. Die Stimmung hebt sich, die Stresstoleranz steigt und eine innere Ausgeglichenheit macht sich breit. Bereits dreimal zwanzig Minuten aktive Bewegung pro Woche wirken sich positiv auf den Organismus aus. Und auch hier gilt: Bewegen Sie sich in Maßen, Sport bis zur Erschöpfungsgrenze löst wieder Leistungsdruck und Stress aus und kann sogar zur Sucht führen. Genießen Sie die Bewegung um der Bewegung willen und üben Sie sie vor allem regelmäßig aus.

Jede Form von Bewegung (Joggen oder jede andere Sportart) ist hilfreich. Sofern es machbar ist, kann man zu Fuß nach Hause gehen oder mit dem Rad zur Arbeit fahren. Auf diese Weise nutzen wir die Zeit des Nachhausegehens aktiv, um den inneren Schalter umzulegen. Ebenso wirksam sind auch Bewegungsarten oder Sport in der Gruppe: Fußball, Pilates, Zumba, Tanzen. Hier kommt der soziale Aspekt hinzu. Man sieht andere Menschen, wird abgelenkt, kommt auf andere Gedanken. Allerdings finden viele Kurse abends statt. Für Schauspieler und Mitarbeiter am Theater ist es oft schwierig und meist leider unmöglich, solche Kurse regelmäßig zu besuchen. Hier würde es sich anbieten, ein spezielles In-Haus-Angebot zu entwickeln, eventuell sogar geöffnet für Außenstehende, das auf die Zeiten der Theatermitwirkenden Rücksicht nimmt.

Optimalerweise können Sie sich natürlich auch eine Körperarbeit aussuchen, die Ihrer Kunst dient und Ihr Auftreten und Ihre Präsenz auf der Bühne erhöht. Marlon Brando beispielsweise, der als Stanley in *A Streetcar Named Desire (Endstation Sehnsucht)* besetzt wurde, überzeugte Kritik und Publikum durch seine körperliche Präsenz. Er hatte sich durch Krafttraining einen starken, muskulösen Körper antrainiert.

In vielen östlichen Theaterformen, ob im japanischen Kabuki, im Suzuki-Training oder im Kathakali, ist der Körper das zentrale Ausdrucksmittel, mit dem das Geschehen auf der Bühne gestaltet wird. In den westlichen Schauspielmethoden wird zwar viel mit Emotion und entsprechendem körperlichen Ausdruck gearbeitet, doch der Körper als solcher, als Kunstinstrument und Ausdrucksmittel, wird eher selten aktiv trainiert. Wenn Bewegung der Stressbewältigung dient, warum nicht das eigene Kunstinstrument bewusster einsetzen, um zu einer körperlich feinfühligen und präsenten Darstellung zu gelangen?

Die Kunst der Pause

Bewegung ist eine hervorragende Methode, um Stress abzubauen. Daneben benötigen unser Körper und Geist auch regelmäßig Pausen zur Erholung.

Biologisch gesehen haben wir zwei Nervensysteme, die für einen kontinuierlichen Ausgleich sorgen – einen Ausgleich zwischen Aktivität und Entspannung. Der Sympathikus ist für das Aktivieren zuständig, er bewirkt insgesamt eine Leistungssteigerung des Organismus, steigert die Herztätigkeit, den Blutdruck, den Stoffwechsel, während der Parasympathikus der Erholung und dem Aufbau körperlicher Reserven dient und für die Entspannung sorgt. Diese beiden Hauptkomponenten des vegetativen Nervensystems ergänzen sich tagtäglich im Wechsel und sorgen im Idealfall dafür, dass sowohl genügend belebende Aktivität vorhanden ist als auch genügend Erholung, damit das gesamte System Mensch auf gute, gesunde und stimmige Art funktioniert. Wenn wir uns ausgeglichen fühlen, auf angenehme Art müde oder auf angenehme Art wach, dann stimmt diese Balance.

Stehen wir zu lange unter negativem Stress, wird der Sympathikus kontinuierlich angeregt. Unser Organismus findet nicht mehr die nötige Ruhe und Erholung und den Raum, um notwendige Energie zu tanken.

In unserem heutigen Alltag ist der Raum für Pausen oft nicht mehr gegeben. Wir nehmen uns kaum Zeit für die Pflege der eigenen Seele, gönnen uns keine Muße und entspannenden Momente wie ein Mittagsschläfchen, Tagträumen, Trödeln, Dösen, Einfach-nur-Dasitzen und die Sonne oder einen Kaffee genießen.

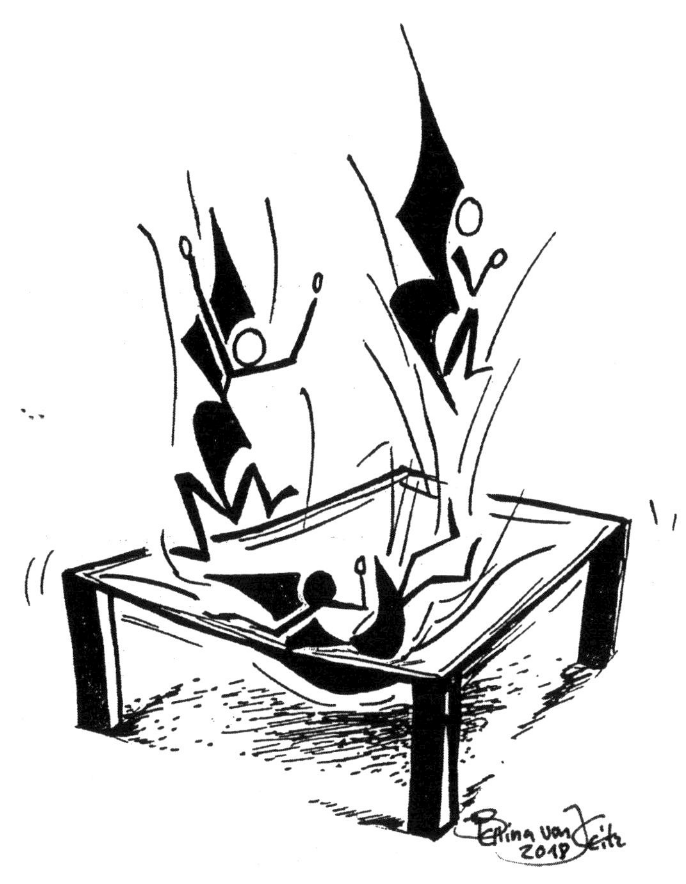

»Bewegte Pause«

So wertvoll neumodische Methoden wie Powernapping sind, die derzeit die Runde machen, sie beschreiben nichts anderes als diejenigen automatischen Tätigkeiten, die der Körper von uns fordert, wenn wir auf ihn hören würden.

Wer eine innere Motivationshilfe benötigt: Pausen sind innere Arbeitszeit, in der das Gehirn weiterarbeitet, Dinge sortiert und klärt, neue Ideen entwickelt. Und: Pausen sind wichtig, damit Sie die Freude am Arbeiten nicht verlieren.

Passive Entspannungsmethoden

Wenn Sie merken, wie wohltuend regelmäßige Pausen sind, fallen Ihnen sicherlich viele Möglichkeiten ein, wie Sie Entspannung in Ihr Leben bringen können. Sie könnten beispielsweise in der Natur spazieren gehen, ein Buch lesen, in die Sauna gehen, sich mit Freunden treffen oder sich massieren lassen. Diesen Entspannungsmethoden ist gemeinsam, dass sie passiv sind. Sie lassen etwas mit sich machen, und durch die Ablenkung kommt man aus dem Stressgefüge. Sie lenken von den Stressauslösern ab, geben Distanz und helfen damit, die Situation ins rechte Licht zu rücken oder eröffnen gar neue Perspektiven.

Aktive Entspannungsmethoden

In dem Kontext der »Stressbewältigung« sind die sogenannten aktiven Entspannungsmethoden besonders zu betonen, denn sie wirken direkt und helfen nicht indirekt, wie beispielsweise eine Massage, zu der wir erst hingehen müssen und deren Entspannungswirkung uns durch jemand anderes zugeführt wird – mal mehr, mal weniger. Aktive Entspannungsmethoden können wir selbst und jederzeit abrufen. Wir können damit der Stressreaktion und ihren körperlichen Auswirkungen unmittelbar gegensteuern. Durch die Anwendung aktiver Entspannungsmethoden lernen wir, Geist und Körper in Einklang zu bringen, ein Bewusstsein für uns zu entwickeln und uns gezielt zu entspannen oder Gedankenmuster zu ändern. Sie helfen, ungünstiges stressverursachendes Verhalten im Kern zu verändern und behandeln nicht nur die Symptome. Dieses aktive bewusste Eingreifen verändert auf Dauer die Bewertung einer Situation, reduziert damit das Ausmaß der Stressreaktion von vorneherein und erhöht die emotionale Selbstkontrolle. Wir können direkt und unmittelbar auf entstehende Emotionen und ihre körperlichen Anspannungen reagieren. Somit sind wir nicht mehr wahllos unseren Gefühlen ausgeliefert, sondern können mit ihnen arbeiten und umgehen.

Diese aktiven Entspannungsmethoden, wie beispielsweise autogenes Training, Progressive Muskelentspannung nach Jacobson, MBSR, Yoga, Meditation, Qigong, Aikido-Meditation usw. sind sehr wirkungsvoll, sie müssen allerdings über einen längeren Zeitraum erlernt und verinnerlicht werden. Wenn wir die Prinzipien, Übungen und Techniken einmal verinnerlicht haben, kann man sie in vielen Momenten und Situationen abrufen; dann kann jeder Gang von der Bühne zum Probenraum zu einer gezielt entspannenden Pause oder eine träge szenische Probe zu einer beglückenden Achtsamkeitsübung werden bzw. ein polternder Regisseur zu einer Empathie-und-Mitgefühl-Übung.

Aktive Entspannungsmethoden führen dazu, dass unser Stresssystem nicht unnötig Alarm schlägt, dass wir unsere Potenziale im Blick behalten und unser herausforderndes Leben eben als solches sehen, als Herausforderung, nicht als stressige Überforderung. In der Fähigkeit, die aktive Entspannung zu fördern, liegt die hohe Kunst der Selbstfürsorge und der Selbstliebe. Wir sorgen für uns, wir übernehmen die Verantwortung für unser Leben und die Auswirkungen auf unsere Umwelt. Dies ist ein Schritt hin zu Freiheit und Selbstwirksamkeit.

Ruhe – der Anker im Alltag

Das Theater ist von Natur aus ein geselliger, gar geschwätziger Betrieb, besonders im künstlerischen Bereich. Austausch, Reden, Darstellen – das tägliche Handwerk ist laut. Hier ist es wichtig, sich selbst auch Momente des Schweigens und der Ruhe zu erhalten.

Häufig springt die hektische, laute Stimmung im Theater auf einen über, und man schaukelt sich hoch. Die Stressreaktion wird aktiviert. Deshalb sollte man sich von der äußeren Stimmung nicht anstecken lassen und üben, im Inneren »Ruhe zu bewahren«. Ruhe schenkt Ihnen neue Kraft und Gelassenheit und wirkt sich somit positiv auf die seelische Gesundheit aus.

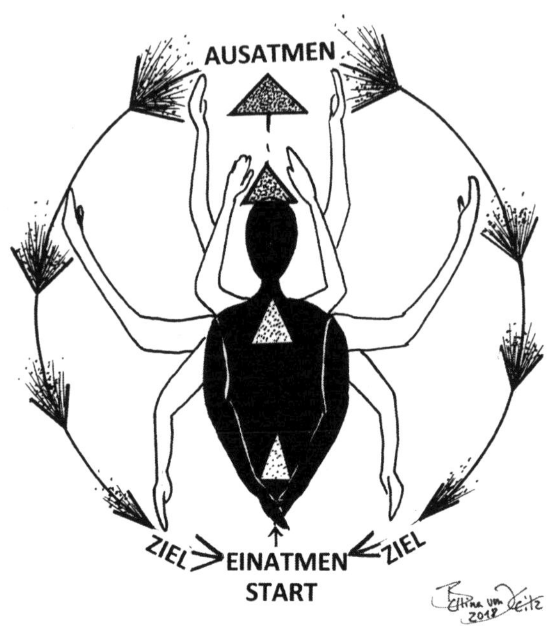

Atemkreis

ÜBUNG:

Wenden Sie die erlernte aktive Entspannungsmethode an, wenn es um Sie herum hektisch und laut wird. Konzentrieren Sie sich auf Ihren Körper und auf Ihre Atmung. Atmen Sie bewusst und ruhig, richten Sie sich in Ihrer Mitte auf. Oft hilft es, die Rolle des distanzierten Beobachters einzunehmen. In Auseinandersetzungen können Sie auch einfach leiser und langsamer sprechen, das führt häufig dazu, dass Beteiligte ruhiger werden.

Gesunde Ernährung

Mit Stress können wir umso besser umgehen, je mehr Energie und Kraft wir haben. Diese führen wir uns ganz wesentlich über die Ernährung zu. Gutes Essen und gesunde Ernährung wirken sich positiv auf unser Wohlbefinden und auf unsere Gesundheit aus. Neueste Forschungsrichtungen sehen eine enge Beziehung zwischen einer gesunden Darmflora und der psychischen Befindlichkeit und Widerstandskraft. Schlechte Ernährungsgewohnheiten können zu Depressionen, nachlassendem Gedächtnis und verminderter Konzentrationsfähigkeit führen.*

Gerade im Theaterbetrieb mit den chaotischen Zeitplänen, dem ewig wechselnden Ablauf, dem kontinuierlichen Gefühl, einer Art Kunst-Jetlag zu erliegen, ist Ernährung ein großes Thema. Oft fehlt es an vielen Häusern an guten Kantinen, die jederzeit zugänglich sind. Eine Kantine sollte nicht nur ein wichtiger und angenehmer Ort des sozialen Zusammentreffens sein, sondern auch die Versorgung eines ganzen Betriebes mit gesunder Kost gewährleisten.

Wer sich in einem Kantinenausschuss für eine gute Kantine starkmachen kann, sollte dies unbedingt tun. Ansonsten sollten Sie sich selbst um eine ausgewogene und abwechslungsreiche Ernährung kümmern. Wer diesbezüglich Unterstützung oder Anregungen braucht, kann sich an die Krankenkassen wenden, die persönliche Ernährungsberatungen anbieten.

Machen Sie sich bewusst, wie zentral eine regelmäßige Zufuhr von Lebensmitteln und regelmäßige Trinkpausen für Ihren Körper und letztendlich für die Ausübung Ihres Berufs sind. Oft behandeln wir unsere Autos besser als uns selbst. Unser Gehirn, das zentral für unser kreatives Schaffen verantwortlich ist, benötigt gute Rahmenbedingungen und u. a. genügend (gesunden!) Kraftstoff. Unser Körper verfügt zwar über Rücklagen und Notreserven, doch wenn wir nur über Notreserven arbeiten, zehren wir an unserer eigenen kreativen Substanz.

---

* Vgl. David Perlmutter: *Scheißschlau. Wie eine gesunde Darmflora unser Hirn fit hält,* München: Goldmann, 2016.

Nehmen Sie sich darüber hinaus Zeit für Ihre Mahlzeiten und versuchen Sie mit Achtsamkeit zu essen und zu trinken. Eine gute Ernährungsstrategie für sich zu entwickeln, ist gerade im Chaosbetrieb des Theaters überlebenswichtig.

ÜBUNG:

Beobachten Sie eine Woche lang, was Sie wann essen und trinken. Überlegen Sie sich, wie Sie Ihre tägliche Obst- und Gemüsezufuhr aufstocken können, wann Sie Zeit zum Einkaufen haben und welche Lebensmittel Sie mit ins Theater nehmen können. Machen Sie sich einen Plan.

Beobachten Sie, in welchen Situationen Sie sagen: »Das ist jetzt eine Ausnahme« und zu Fast Food greifen. Nehmen Sie solche Momente bewusst war, und stoppen Sie sich. Halten Sie sich an Ihren Plan. Denn im Theater können Sie davon ausgehen, dass die Ausnahme die Regel ist. Finden Sie einen Weg, ihre eigene Essensstruktur zu erhalten, auch in stressigen Probezeiten.

Mentaltraining: Wie bewerte ich die äußeren und inneren Reize?

Während die körperlichen Resilienz-Techniken gut eingesetzt werden können, wenn wir bereits unter Strom stehen oder um Ruhe zu fördern, macht es ebenso Sinn, sich Fähigkeiten anzueignen, um gar nicht erst in Stress zu geraten und von vorneherein unsere Balance besser zu wahren. In diesem Fall müssen wir früher ansetzen (siehe zweite Stufe in der Grafik): bei der kognitiven Bewertung der Situation, also ob wir eine Situation als bedrohlich oder weniger bedrohlich bewerten.

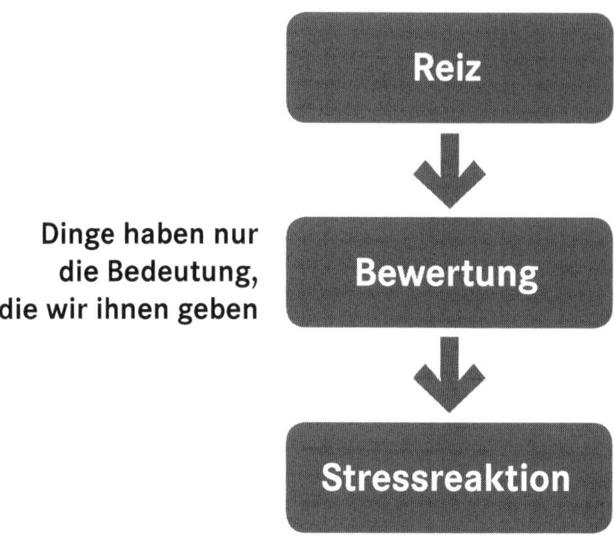

Unsere Bewertung einer Situation entscheidet über das Ausmaß unseres »gefühlten« Stresses.

Die Macht der Gedanken

»... an sich ist nichts weder gut noch schlimm; das Denken macht es erst dazu.« (Hamlet)*

Stress entsteht zu einem großen Teil im Kopf. Es hängt von unserer Bewertung ab: Wie schätzen wir eine Situation ein? Und glauben wir, genügend Fähigkeiten, Ressourcen und Kompetenzen zu besitzen, um sie zu bewältigen?

Wie lässt sich unser Arbeitsinstrument, dieses komplexe Gebilde aus Körper und Geist, das fühlt und denkt und auch unantastbare private Bereiche umfasst, im künstlerischen Alltag steuern? Es handelt sich dabei schließlich nicht um einen Computer, einen Werkzeugkoffer oder ein Buchhaltungsprogramm.

* Aus: William Shakespeare: *Hamlet*, Akt II, Szene 2. Hier in der Übersetzung von August Wilhelm von Schlegel.

Wie lässt sich Berufliches und Privates, Rolle und Erfahrung auseinanderhalten und Letztere gleichzeitig als Inspirationsquelle nutzen? Um diese Herausforderung zu meistern, braucht es eine höchst differenzierte Auseinandersetzung mit uns selbst.

Unseren inneren Kritiker kennenlernen – und umerziehen

Die erste Aufgabe, sich dieser Herausforderung zu stellen, lautet: Mache deinen ewig nörgelnden inneren Kritiker zu deinem Mentalcoach.

Künstler sind von klein auf an Kritik und Selbstkritik gewöhnt, die der Entfaltung und dem Reifungsprozess dienen. In der natürlichen Entwicklung des Kindes fließt dabei das Spielerische ein und im Idealfall das einfühlsame und angemessene Lob der Eltern und das gebührende Feiern einer gelungenen Etappe.

Als professioneller Künstler hat man meist einen weniger liebevoll begleiteten, langen und harten Weg des Wettbewerbs, Kämpfens, Gegeneinanderarbeitens und Sichüberwindens hinter sich, so dass eine innere Stimme immer nur an die Schwächen erinnert. Ein fortwährend lautlos nörgelnder innerer Kritiker, der abwertend über das Getane urteilt, um ja nicht die Muße aufkommen zu lassen, sich auszuruhen.

Dass Feedback und auch konstruktive Kritik, ja selbst schlechte Kritik, wertvoll sein können und Entwicklungen fördern, ist unbenommen, wäre da nicht der ständig wiederkehrende innere Monolog, der die Welt nur noch kritisch sieht. Dieser innere Kritiker untergräbt nach und nach das Selbstwertgefühl, das unerlässlich für ein gesundes Arbeiten in der Kunst ist. Daher ist es wichtig, sich mit ihm auseinanderzusetzen.

Oft hören wir uns sagen: »So ein Mist, warum bekomme ich das nur nicht hin?«; »Ich bin ein Trottel«; »Ich kann das einfach nicht«. Diese vorschnellen, abwertenden Bemerkungen, die wir mit aller Härte und Strenge gegen uns selbst richten, helfen uns nicht weiter, unsere Fähigkeiten weiterzuentwickeln.

Dagegen beschreiben solche Aussagen wie »Ach, so geht es wohl nicht, das nächste Mal mache ich es anders«; »Da habe ich mich übernommen. Weniger ist mehr«; »Hier habe ich einfach zu wenig geübt« eine Fähigkeit oder eine Entscheidung bzw. Einschätzung in einer Situation, die nicht zum gewünschten Ergebnis geführt hat. Zugleich geben sie Hinweise darauf, was man konstruktiv in Zukunft ändern kann.

So wird der Fokus von der Aussage »Ich bin unfähig« (und kann folglich daran nichts ändern, da es mein Wesen umfasst) verlagert zu der Aussage: »An dieser Stelle reichen meine Fähigkeiten noch nicht aus« (und ich weiß, was ich tun kann, um das zu ändern).

ÜBUNG:

Beobachten Sie, wann Sie sich und wie Sie sich kritisieren. Achten Sie darauf, dass Sie nicht sich selbst, sondern Ihr Handeln kritisieren. Überlegen Sie sich gleichzeitig, was Sie in Zukunft ändern möchten. Denn die Vergangenheit können Sie nicht ändern. Grämen Sie sich nicht, ziehen Sie einfach Lehren daraus. Handeln Sie lösungsorientiert und suchen Sie nach Wegen der Umsetzung.

Wenn der Blick auf das Negative überhandnimmt und wir selbst den inneren Kritiker anheizen mit Aussagen wie »Ich kann das nicht, ich bin schlecht, was mache ich überhaupt auf der Bühne, ich könnte mich ohrfeigen«, dann bauen Sie einen Gedankenstopp ein. Sagen Sie »Stopp!«, lächeln Sie und entspannen Sie dabei Ihr Gesicht. Sie haben jederzeit ein Lächeln verdient, egal, wie schief alles gelaufen ist, und wenn Sie es sich selbst schenken. Es hilft, einen Moment innezuhalten und Entspannung in eine Situation zu bringen.

Blick auf das Positive und gesunder Realismus

Künstler tendieren nicht nur dazu, immer nur das Negative, das Schiefgelaufene, zu sehen, sie gehen sogar oft einen Schritt weiter und verallgemeinern es: »Alles ist heute danebengegangen!«

Gerade Künstler mit ihrem eintrainierten Hang zur Selbstreflexion bis hin zur Selbstzerfleischung sind immer auf das Optimierbare programmiert: »Ach Mist, da habe ich bei einer Note gepatzt; da stimmte der Winkel nicht; hier war ich zu langsam.«

Zum Teil werden solche Aussagen auch durch die Probenstruktur befeuert. Nach den Proben finden Kritikgespräche statt, wo zwar durchaus erwähnt wird, was positiv war, doch in den Fokus wird das gestellt, was noch besser gehen kann. Dadurch wird uns allerdings auch eine relativ übertriebene negative Sichtweise einprogrammiert. Dem Negativen wird deutlich mehr Raum gegeben, mit dem wir unseren inneren Kritiker füttern. Ansatz sollte sein, ein gesundes »realistisches« Maß an Kritik zu pflegen und auch das bereits Gelungene und Positive angemessen hervorzuheben. (Siehe dazu auch »Das Gute sehen *oder* Warum ist loben so schwer?«, S. 161.)

ÜBUNG:

Notieren Sie sich jeden Abend die guten Dinge, die Ihnen tagsüber passiert sind oder die Sie erlebt bzw. wahrgenommen haben. Beispiele: schönes Wetter, gutes Essen, ein nettes Kompliment, ein gutes Gespräch, ein erholsamer Spaziergang in der Pause, ein gelungener Szenendurchlauf, gutes Feedback vom Chorleiter/Regisseur, ein lebendiger Draht zum Publikum während der Vorstellung etc.

Manchmal ist es auch nützlich, sich die schlimmsten Dinge des Tages ins Gedächtnis zu rufen, um sich dann zu fragen, was das Gute daran war. Das vermeintlich Negative kann in

einen neuen Denkkontext gesetzt werden, der uns zeigt, wie wir an schwierigen Erfahrungen wachsen und was wir daraus lernen können.

Das Gute im Theater sehen

Denken Sie an die wesentliche Kraftquelle, die alle im Theater verbindet und die wir im Eifer des Gefechts gerne vergessen: Es ist ein Privileg, am Theater zu arbeiten. Natürlich gibt es Missstände, die zum Teil gravierend sind. Doch wo gibt es diese nicht?

Die Ressource im Theater ist die Tatsache, dass man einen Beruf ausübt, den man liebt, der spannend und vielseitig ist. Jeder, der ans Theater kommt, hat Freude an künstlerischen Prozessen; selbst ein Techniker ist angezogen von dem kreativen Potenzial. Wer sich für die Institution Theater entscheidet, hat sich bewusst dafür entschieden. Gerade Chor- und Orchestermusiker können mit ihrer Musik ihren Lebensunterhalt bestreiten, was in anderen Ländern nicht unbedingt der Fall ist. Auch wenn der Beruf phasenweise mühsam ist (wie jeder Beruf!), sie können sich künstlerisch verwirklichen und auf einer Bühne ihre Talente und Stärken zeigen und ausspielen. Bei aller gerechtfertigten Kritik und Unzufriedenheit, die Anlass und Motivation sein sollte, sich um die Aufhebung zu kümmern, ist es wichtig, sich immer wieder bewusst zu machen, wie brotreich doch die sonst brotlose Kunst ist.

Mut zum Scheitern, um zu wachsen – Zukunftsvisionen

Eng mit dem Blick auf das Negative verbunden ist auch das Ausmalen von negativen Konsequenzen, die sich in virtuelle Albträume steigern. Wir sehen Katastrophen auf uns zukommen und lassen uns von der Angst vor Misserfolg lähmen. Das löst nicht nur Stress aus, sondern wir hören auch auf zu wachsen, Risiken einzugehen und neue Erfahrungen zu sammeln. Eine Tragödie für einen Künstler, dessen wichtige und wertvolle Quelle genau diese Lust auf Erfahrungen ist, um kreativ zu bleiben und weiter zu wachsen. In den mutigen Schritten, die manchmal eben auch scheitern, liegen spannende Perspektiven, die allerdings im Theaterumfeld, das mittlerweile im gesellschaftlichen Erfolgszwang lebt, nicht mehr häufig genug gesucht werden.

Anstatt sich negative Szenarien auszumalen und in der Negativspirale zu stagnieren, sollten wir entschlossen, mutig und neugierig in die Zukunft schauen und uns von einer positiven Zukunftsvision leiten lassen und überlegen, was wir tun können, um sie tatsächlich umzusetzen.

Stärken sehen

Auf das Gute in mir zu vertrauen und das Positive zu sehen, hängt eng mit der Wahrnehmung meiner Stärken zusammen. Gerade in Deutschland scheint es verpönt, über Erfolge zu reden oder sich über Gelungenes und Erreichtes zu freuen. Oft werden wir mit diesen Reaktionen konfrontiert: »Gib nicht so an!«; »Du bist doch schon motiviert, warum sollte ich dein Ego noch aufblähen!« Solche Aussagen helfen wenig, wenn Künstler dabei sind, das oft sensible Selbstwertgefühl zu pflegen. Denn jeder Mensch sehnt sich nach einem kleineren Anerkennungsschub – einer Streicheleinheit für die Seele.

Bleibt die erhoffte Anerkennung aus, hilft, eine Selbstdusche zu nehmen, z. B. indem man ein Erfolgstagebuch führt, in dem man die eigenen Erfolge und Stärken notiert, alle Komplimente und Glückwünsche sammelt und die Namen der Menschen, die einem hilfreich zur Seite stehen, aufschreibt. Es hilft auch, sich in Erinnerung zu rufen, wie gut wir größere Hürden im Leben bewältigt haben, wie souverän wir bereits mit Misserfolgen umgegangen sind, welche interessanten Begebenheiten sich aus schwierigen Situationen entwickelt haben.

Nachvollziehbare Ziele setzen

In der Motivationstheorie spielt das Setzen von Zielen eine wesentliche Rolle. Dabei sollte man die sogenannte SMART-Formel anwenden, das heißt: die Ziele sollten spezifisch, messbar, ansprechend, realistisch und terminierbar sein.

Eine Eins-zu-eins-Übertragung in die Kunst ist allerdings schwierig, da es keine objektiven Ziele gibt. Was ist ein Ziel in der Kunst? Wann ist eine Aufführung gelungen? Wann war sie erfolgreich? – Wenn die Vorstellung ausverkauft ist? Ich kann zwar Zahlen und Werte bestimmen, aber ist eine ausverkaufte Vorstellung ein Ziel im künstlerischen Sinne?

Jeder Künstler kennt das: Nach einer Premiere kursieren die unterschiedlichsten Meinungen. Das Fatale in der Kunst ist, dass jeder kritisieren darf und es sich auch herausnimmt. Während man in der Wissenschaft bei der Beurteilung, ob ein bestimmtes Projekt technisch durchführbar ist, sofort auf Spezialisten verweist, trauen wir uns in der Kunst sogleich eine Meinung zu. Von harter Kritik kann man sich schwer distanzieren, sie trifft jeden. Noch schwieriger wird es, wenn man als Beteiligter selbst weder hinter dem Stück noch hinter der Inszenierung steht. Dann kann in dieser Situation das Gefühl der Ohnmacht und Fremdbestimmung aufkommen, das im Idealfall zu Gleichgültigkeit, ansonsten aber zu starker Demotivation führen kann.

Hier kann es helfen, sich selbst Ziele zu setzen, die man für sich nachvollziehen kann und die dem eigenen Maßstab und den eigenen künstlerischen Werten entsprechen. Man kann sich auch für unliebsame Aufgaben spannende Ziele setzen, die einen persönlich weiterbringen: In einer ungeliebten Oper kann ich mir beispielsweise das Ziel setzen, besonders sauber zu singen oder emotional zu spielen, oder, im Schauspiel, meine körperliche Präsenz zu erhöhen und besonders auf meine Sprechweise zu achten. So schafft man sich persönliche Erfolgserlebnisse und ist am Ende mit sich zufriedener, egal, wie die Kritik ausfällt.

Akzeptanz und Mut

»Das kann doch alles nicht wahr sein! Wie kann man nur so blöd sein?« Sie sind wütend und steigern sich immer weiter in den Ärger hinein. Es ist so, als füttere man ein inneres Feuer mit weiteren Holzscheiten, und es lodert und lodert … Dabei verschwenden Sie wertvolle Energie.

Wenn etwas schiefgelaufen ist – wenn eine Information nicht weitergegeben wurde, wenn ein Ton falsch war, wenn eine Kündigung ausgesprochen ist etc. –, dann sollte man möglichst versuchen, die Situation so anzunehmen, wie sie ist. Das bedeutet nicht, dass man sie deswegen gutheißt. Eine Ärger- und Trauerphase, in der man seinen Gefühlen freien Lauf lässt, ist durchaus nachvollziehbar. Es gilt, keine weitere wertvolle Energie mit Aufregung zu verschwenden, sondern zu schauen, wie sich die Situation verändern lässt. Oder sie einfach zu akzeptieren, wenn sie sich nicht ändern lässt. (Vgl. Modell von Stephen Covey zum Thema Einfluss-/Interessensbereich im zweiten Kapitel).

Es geht um den Mut, der Realität mit offenen Augen zu begegnen und sie anzunehmen. Wenn ich mich als Sänger für den Chor entschieden habe mit aller Sicherheit, die mit einer festen Position im Chor einhergeht, dann macht es wenig Sinn, der Solokarriere nachzutrauern oder den Chorleiter verantwortlich dafür zu machen, dass man unzufrieden ist bzw. dass die Solokarriere nicht funktioniert hat. Auch hier gilt es wieder, das Gute in dem vermeintlich Schlechten zu sehen. Wenn ich wertfreier und ohne vorgefertigte innere Meinung an Situationen herantrete, bin ich offener und handlungsfähiger und kann spontaner neu aufkommende Chancen ergreifen.

Nimm's nicht persönlich!

Eine wichtige Qualität, die besonders für Künstler gilt, ist die Fähigkeit, das Verhalten anderer oder äußere schwierige Situationen nicht persönlich zu nehmen: »Der mag mich nicht!«; »Immer hackt sie auf mir herum!«; »Mich übergeht er, weil er mich nicht leiden kann!« Wir fühlen uns sehr schnell angegriffen oder machen uns für Missstimmungen verantwortlich. Es ist wichtig, nicht sofort die Verantwortung für etwas zu übernehmen, was man gar nicht verschuldet hat. Die Welt dreht sich viel weniger um uns, als wir meinen, so dass manchmal der Satz hilft: »So wichtig bin ich nun auch nicht.«

Lästern vermeiden

Vermeiden Sie Lästereien. Das Lästern führt nicht wirklich zu einem Blick auf das Positive, sondern man erhöht sich, indem man andere niedermacht. Es ist weder eine besonders gelungene Strategie, noch macht sie wirklich frei und unabhängig, da wir uns immer im Vergleich mit jemandem befinden, den wir innerlich kleinhalten müssen.

Lästern raubt Ihnen Energie und hinterlässt einen schalen Beigeschmack. Und oft genug macht man die Erfahrung, gerade im Theater, dass das Gesagte um mehrere Ecken wieder zurückkommt. Man wird in verschiedene Lager gezogen und eine unangenehme Gruppendynamik entsteht, zu der man selbst beiträgt.

Sich gegenseitig stützen – Wertschätzung zeigen

Solange wir selbst den Wettkampfgeist und die Ellbogenstimmung unterstützen, müssen wir uns nicht wundern, wenn sich nichts verändert. Warum setzen wir nicht einen neuen Impuls dagegen, indem wir uns gegenseitig stützen und Stärken anerkennen. Hier entsteht die Grundlage für Vertrauen, dessen Fehlen oft bemängelt wird. Wenn wir bei uns und unserem Verhalten beginnen, auch anderen das Positive spiegeln, oder vielleicht auch Menschen, die gerade enttäuscht sind, neue Perspektiven zu einem Verhalten aufzeigen oder mehr Interesse und Verständnis entgegenbringen – er hat gerade seinen Vater verloren, vielleicht ist er deswegen so aggressiv –, tragen wir automatisch zu einer besseren Arbeitsstimmung bei.

Solange wir unsere eigenen Stärken und Potenziale klar erkennen und schätzen, werden wir es leichter haben, den ausgewogenen, wertschätzenden Blick für andere zu wahren.

Manchmal vergessen wir auch, einfach dankbar zu sein, für die kleine Aufmerksamkeit des Assistenten oder für das unterstützende Wort der Kollegin. Sich bewusst zu werden, wofür wir alles dankbar sein können, ist ein starkes Polster, auf dem Wertschätzung nach außen wirken kann.

ÜBUNG:

Beginnen Sie damit, die guten Gedanken über andere offen zu formulieren: »Deine Kette ist schön«; »Toll, wie du dich gestern für uns eingesetzt hast«; »Dein Lob hat mir gutgetan, danke«. Meist denken wir viele gute Dinge, sprechen sie allerdings nicht aus. Warum eigentlich nicht? Die positiven Seiten sind ebenso real wie die negativen, die uns (leider) oft leichter über die Lippen gehen und sich in Form von Nörgeln, Kritteln und Aufziehen äußern. Mit einem guten Wort machen wir jemandem eine Freude, was wiederum bei uns Glücksgefühle auslöst.

In einem weiteren Schritt versuchen Sie, das Gute auch bei den Menschen zu sehen, deren Eigenheiten Sie nervig und anstrengend finden. Vielleicht steckt auch etwas Gutes darin, wenn der Kollege pingelig auf die Details achtet oder die Kollegin jeden Morgen scherzend und mit bester Laune zur Probe erscheint.

Die Königsdisziplin ist dann, das Gute in dem Verhalten der Personen zu entdecken, die wir absolut nicht ausstehen können.

Zukunftsplanung

Es ist immer gut, über den künstlerischen Tellerrand hinauszuschauen und Alternativen zu haben. Das gilt vor allem für Tänzer, deren künstlerische Laufbahn eher enden wird als die von Schauspielern und Sängern. Nebenberufliche Weiterbildungen gibt es zuhauf, und zunehmend gibt es auch Unterstützung vom Arbeitsamt oder von Stiftungen, wie der Stiftung Tanz, die sich um Umschulungen oder Coachings von Künstlerinnen und Künstlern kümmern.

Dies bedeutet nicht, dass man sich verkauft oder die Kunst aufgibt. Eine Alternativplanung für »danach« kann als eine Bereicherung gesehen werden. Sie fördert Einblicke in die Welt jenseits des oft in sich abgeschlossenen Theaterbetriebs und kann die künstlerische Arbeit befruchten. Gleichzeitig bringt ein zweites Standbein in der nichtkünstlerischen Welt Ruhe und Freiheit mit sich und bewahrt vor lähmender Zukunftsangst.

Persönlicher Aberglaube

Wir entwickeln von Geburt an Glaubenssätze: Wenn ich schreie, werde ich getröstet (oder auch nicht, je nach Erfahrung). Besonders emotional aufgeladene Situationen prägen sich tief ein und die Lektion, die wir erfahren haben, wird als gelerntes Wissen und vor allem als unsere »Wahrheit« abgespeichert. Das kann beispielsweise eine Tastenkombination in einem Computer sein, die ein bestimmtes Ergebnis bringt. Oder wir glauben daran, dass der Strom aus der Steckdose kommt, ohne die genauen Mechanismen zu hinterfragen. Unsere Erfahrung lehrt uns Dinge und ihr vertrauen wir – mehr als unserem Wissen. Weil sie an Emotionen gekoppelt ist.

So können gerade auch emotional aufgeladene Auftrittssituationen, die oft als unkontrollierbar wahrgenommen werden und mit Ängsten oder Lampenfieber verbunden sind, leicht zu Verknüpfungen führen, die, obwohl sie manchmal unlogisch sind, als

Wahrheit abgespeichert werden. Diese Wahrheit wird als Marotte oder Aberglaube bezeichnet. Das sogenannte »diskriminative Lernen« umschreibt einen Reiz, auf den eine Konsequenz folgt. Wenn wir einmal erfahren haben, dass wir mit einem Bonbon im Mundwinkel besser das hohe C treffen, dann versuchen wir es möglicherweise nochmals. Und wenn auch dann das Singen leichter funktioniert, könnte schon ein Muster geboren sein. Wir glauben dann, dass das Bonbon und das Singen zwangsläufig miteinander verbunden sind. Was durchaus sein kann, doch möglicherweise nicht aufgrund des Bonbons, sondern aufgrund der veränderten Mundstellung, die man auch ohne Bonbon hinbekommen könnte.

ÜBUNG:

Um sich von belastenden Glaubenssätzen zu befreien, können Sie diese geniale Lernweise des Gehirns umdrehen und für sich nutzen. Kombinieren Sie Reize mit Konsequenzen, die Sie haben möchten. Zum Beispiel: Wenn ich meine Daumenwurzel drücke, entspanne ich mich; wenn ich mich aufrichte, spüre ich eine wohlige Standfestigkeit und kann besser atmen etc. Hinterfragen Sie ihre bisherigen Denk- und Handlungsweisen: Was wird wodurch ausgelöst? Womit kann dies noch zusammenhängen? Was bringen mir diese Gedanken/Emotionen? Und dann überlegen Sie, was Sie sich wünschen und wie Sie sie für sich umbauen können, damit Sie zu Ihrem Ziel kommen. Bei immer wiederkehrenden und extrem hinderlichen Mustern hilft es auch, sich von außen beraten zu lassen.

Statt Perfektionismus das Eigene entwickeln

Künstler geraten fast unvermeidlich in die Perfektionismus-Falle. Der Optimierungswahn kann leicht überhandnehmen. Man wird meist von klein auf darauf getrimmt, nur bei fehlerloser

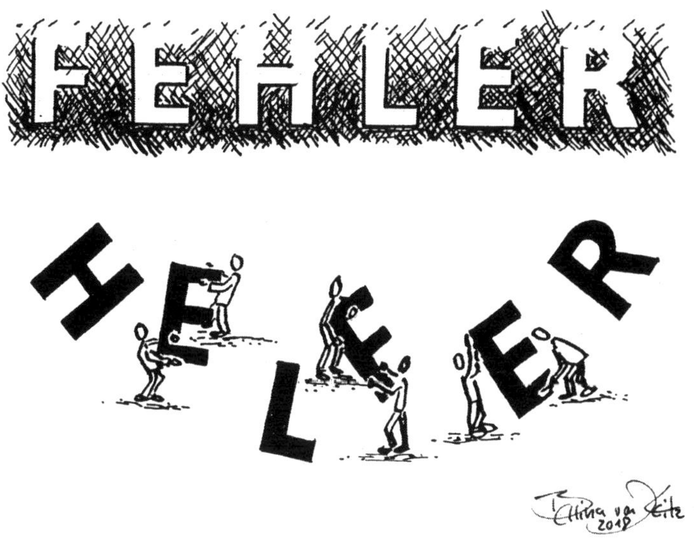

Fehler = Helfer

Leistung Anerkennung zu erhalten. Und aufgrund des enormen Wettbewerbs wächst die Angst vor Fehlern. Denn immer wartet jemand hinter den Kulissen, um den Platz einzunehmen. Oft geraten wir dann in die Falle, das perfekt machen zu wollen, was andere erwarten.

Was uns einzigartig macht, ist das Individuelle. Jeder Künstler, jede Künstlerin hat eine unverwechselbare Art, Kunst zu gestalten. Und je klarer und reiner sie diese eigene Art entwickelt, desto einzigartiger und unverfälschter ist sie. Der Vorteil liegt nicht nur darin, dass diese Art nicht kopiert werden kann, sondern dass dieser Weg der einzige ist, um wirklich glücklich und zufrieden mit sich zu sein. Weil wir das erfüllen, was wir sind, was in unserem Wesen angelegt ist, was uns einzigartig und »genial« macht. Dann gibt es kein Scheitern mehr, nur noch eine Entwicklung auf dem eigenen Lebenspfad, ob im Theater oder außerhalb.

Machen Sie sich frei von dem Gedanken des Scheiterns. Fehler sind die spannendsten Lernerfahrungen, aus denen große Erfindungen hervorgegangen sind. Je mehr Sie Ihrer Intuition folgen und es wagen, Ihre Potenziale auszuloten, desto mehr entwickeln Sie das Ureigene, das Ihnen niemand nehmen und keiner kopieren kann.

Grenzen wahren und setzen

Künstler befinden sich in einem Spannungsfeld, in dem das Wahren eigener Grenzen schwer ist. Der Hang zur Selbstausbeutung, die hausinternen Hierarchiestrukturen und die Angst vor dem Arbeitsplatzverlust sind bekanntlich mögliche Ursachen. Zudem wäre man nicht Künstler, wäre da nicht die von Natur aus vorhandene Neugier, Grenzen austesten und überwinden zu wollen. In diesem Spannungsfeld fällt Nein-Sagen schwer.

Doch oft werden zu viele Grenzen überschritten, nicht nur von einem selbst, sondern auch aus betrieblicher Sicht, was zu Erschöpfung oder auch zu Selbstwertverlust führt. Die eigenen Grenzen zu schützen ist deshalb überlebenswichtig.

Mal nicht leiden? Die Lust am Flow entdecken

Wie wäre es, Kunst nur noch mit Leichtigkeit und im Flowgefühl zu machen? Der viel zitierte Glaubenssatz im Theaterbereich »Nur wer leidet, ist ein wahrer Künstler« widerspricht allem, was zum Thema Kreativität und Flow geschrieben wurde. Es geht um den fließenden Zustand, bei dem wir die Zeit vergessen und im Fluss sind – ohne Anstrengung. Wir betreten einen Raum ohne Erwartungen, lösen uns von unseren inneren Überzeugungen und widmen uns uneingeschränkt einer Arbeit, zielgerichtet und dennoch ziellos.

Nicht nur aus künstlerischer Sicht und zum Erhalt der Freude an der Arbeit ist eine gewisse Leichtigkeit wichtig. Wir gehen oft unökonomisch mit unseren Kräften um. Oftmals wäre viel weniger Anstrengung nötig, um meist ein noch besseres, »eleganteres« Ergebnis zu erzielen.

ÜBUNG:

Schauen Sie, wo sie im Alltag zu viel Kraft aufwenden, wo Arbeit zur persönlichen »Belastung« wird. Und probieren Sie einmal aus, wie es ist, wenn Sie mit weniger Aufwand arbeiten und wie das Ergebnis dann aussieht. Achten Sie auch darauf, wie sich die Stimmung Ihrer Kollegen und Ihrer Freunde verändert, wenn Sie einmal etwas mit Leichtigkeit umsetzen.

Humor pflegen

Eine wichtige Kompetenz im Umgang mit dem Unerwarteten im Theater ist ein gesunder Humor. In der Haltung des Humors steckt das Wissen um die Unzulänglichkeit der Welt und der Menschen, die Toleranz, dass andere anders sind und anders denken. Gleichzeitig schafft eine heitere Grundstimmung eine Distanz zu einer Situation, in die man sich möglicherweise emotional hineinsteigern könnte. Auf wertschätzende Art kann mit einer humorvollen Sichtweise auch Kritik bei anderen angebracht werden, ohne zu hart zu wirken, und manchmal wird man sanft zur Selbsterkenntnis geleitet, wenn einem ein wohlwollendes Augenzwinkern entgegengebracht wird.

Nehmen Sie sich nicht allzu ernst und lachen Sie auch über eigene Missgeschicke. Das macht Sie nicht nur sympathisch, es schafft auch Vertrauen und Offenheit.

ÜBUNG:

Halten Sie im Alltag nach humorvollen Dingen und Begebenheiten Ausschau. Genießen Sie die Freude, die diese bei Ihnen auslösen. Versuchen Sie ganz bewusst Situationen, über die Sie sich sonst aufregen würden, mit einem Augenzwinkern zu betrachten.

Reiz-Management: Wie reduziere ich von vorneherein stressauslösende Reize?

Schauen wir uns noch einmal die Grafik zur Abfolge einer Stressreaktion an. Wie wir sehen, gibt es eine dritte Stufe, auf die wir Einfluss nehmen können, und zwar auf die Stressauslöser, die Reize selbst. Die Reize lassen sich wiederum einerseits in äußere Reize unterteilen, wie zu viele Termine, Aufgaben und Anrufe, Lärm, Kälte, Hitze, Menschenmassen, Schmerzen etc. Andererseits gibt es auch innere Reize, die uns stressen, wie Gedanken, Erinnerungen, Gefühle, Stimmungen, unerfüllte Wünsche, hohe Ansprüche, Perfektionismus, Ängste etc. Allein der Gedanke, zu einer Probe mit einem anstrengenden Regisseur zu gehen, kann Tage vorher bereits Herzrasen verursachen.

Stressfaktor Zeit

Ein großer äußerer Reizfaktor, der enormen Stress auslösen kann, ist der Faktor Zeit. Deshalb möchte ich an dieser Stelle auf das eigene Zeitmanagement näher eingehen.

Der richtige Umgang mit der Zeit ist besonders in Theaterbetrieben eine große Kunst, weil oft wertvolle Zeit verloren geht. Zeitdiebe können sein: lange Diskussionen, ständige Unterbrechungen, schlechte Erreichbar- bzw. Auffindbarkeit von Personen, unklare Zuständigkeiten, verschleppter Informationsfluss.

Neben diesen äußeren Zeitfresserfaktoren gibt es auch welche, für die wir selbst verantwortlich sind, wie unsere eigene Organisation, fehlende Prioritäten etc. Gerade hier können wir gut ansetzen, denn es gilt wieder das Selbstwirksamkeitsprinzip: Wir haben mehr in der Hand als wir meinen.

Wo ist die Zeit geblieben?

Häufig fragt man sich: Wo ist die Zeit geblieben? Den ganzen Tag begleitet uns das Gefühl des ständigen Getriebenseins und

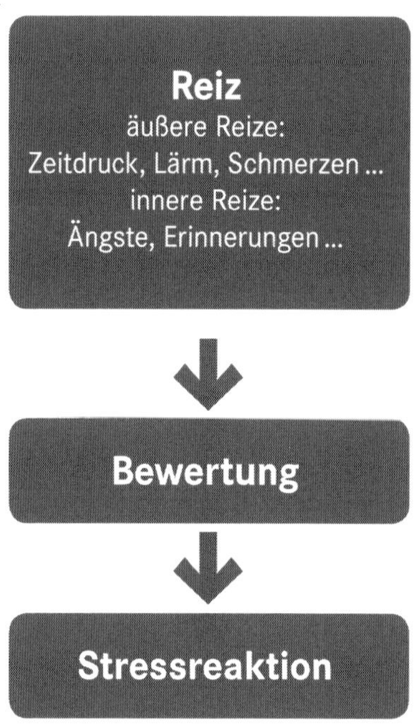

Stressbewältigung setzt auch bei der Reduzierung oder Veränderung der Reize an.

der inneren Unruhe, oft gepaart mit dem Frust, irgendwie nicht das geregelt bekommen zu haben, was wir eigentlich wollten. Ein erster Schritt könnte sein, sich bewusst zu machen, womit wir uns eigentlich tagtäglich beschäftigen und welche Dinge unseren Alltag bestimmen.

ÜBUNG:

Machen Sie an drei typischen Tagen ein ausführliches Protokoll und schreiben Sie alle halbe Stunde auf, womit oder mit wem Sie gerade Ihre Zeit verbracht haben.

Ausmisten

Wir haben keine Zeit, also müssen wir sie uns schaffen. Eine wichtige Frage dabei ist: Wo und was kann ich »ausmisten«? Damit Raum für neue Aktivitäten oder auch »Freiräume« entstehen können, muss ich in meinem Zeit-Alltag schauen, worauf ich verzichten kann. Sollten Sie jetzt gerade den Impuls haben, zu sagen: »Dazu habe ich keine Zeit«, dann ist es höchste Zeit, sich Zeit zum Zeitnehmen zu schaffen.

ÜBUNG:

Gehen Sie Ihre Protokolleinträge durch. Auf was könnten Sie sofort verzichten, welche Dinge rauben Ihnen wertvolle Zeit? Gibt es ungünstige Gewohnheiten oder Beziehungen, die Sie nur aus Pflichterfüllung erhalten? Überlegen Sie sich, wie Sie zunächst eine dieser Gewohnheiten in den nächsten Wochen ändern könnten. Machen Sie sich einen Plan (z. B. am Anfang der Woche), wann Sie es konkret ändern wollen. Überprüfen Sie nach vier bis acht Wochen, ob sich tatsächlich etwas geändert hat. Wie empfinden Sie diese Umgestaltung Ihres Alltags? Korrigieren Sie nach oder nehmen Sie sich die nächste Veränderung vor. Dies ist eine der ewigen Lebensübungen, die niemals endet, Ihnen allerdings immer wieder neue Zeit schenken wird.

Prioritäten setzen

Fragen Sie sich in diesem Zusammenhang: Was ist wirklich wichtig? Was tue ich gern? Was tue ich nicht gern? Welche Termine sind unabdingbar oder bedeutsam für mich, welche könnte ich absagen? Was kann ich delegieren? Wo sind persönliche Zeitfresser?

Ziel ist es, alles nochmals bewusst für sich zu hinterfragen und dann auf die aktuelle Gültigkeit hin zu überprüfen. Sie können alles einfach durchgehen und anstreichen, was Sie verändern möchten, oder einen Haken an die Dinge machen, die Sie gut finden und beibehalten wollen.* Gerne beschäftigen wir uns nämlich mit belanglosen Dingen, weil sie sich z. B. schneller erledigen lassen. Die eigentlich für uns bedeutungsvollen Dinge, die oft mehr Aufwand und Zeit benötigen, stellen wir meist hintenan.

ÜBUNG:

Erstellen Sie jede Woche eine Prioritätenliste und legen Sie drei Dinge oder Ziele fest, die für Sie wichtig sind und die sie unbedingt erledigen bzw. erreichen wollen. Planen Sie diese fest in Ihren Wochenplan ein. Durch das »Ausmisten« haben Sie nun Zeit dafür geschaffen. Und wenn diese nicht ausreicht, schauen Sie, welche Aufgaben Sie delegieren können – das kann z. B. eine Reinigungshilfe sein, die Ihnen bei der Hausarbeit hilft.

Zeitfenster einrichten

Oft wollen wir viele Dinge auf einmal erledigen und unterbrechen unsere Aktivitäten ständig, oder wir werden unterbrochen, während wir uns gerade einer Sache widmen. Unser Gehirn muss sich dann ständig auf neue Dinge ein- und umstellen.

Hier kann es helfen, wenn wir uns ein- bis zweistündige Zeitfenster einrichten, in denen wir konzentriert an einer Sache arbeiten: Rollen lernen, Szenen proben, Mails beantworten, Zeitpläne schreiben etc. In dieser Zeit sollten Sie dafür sorgen, dass Sie nichts und niemand bei Ihrer Tätigkeit stört.

---

* Wer tiefer einsteigen möchte, der sei hier auf das sogenannte Eisenhower-Prinzip hingewiesen, das alle Aufgaben in wichtig oder unwichtig bzw. dringend und nicht dringend unterscheidet.

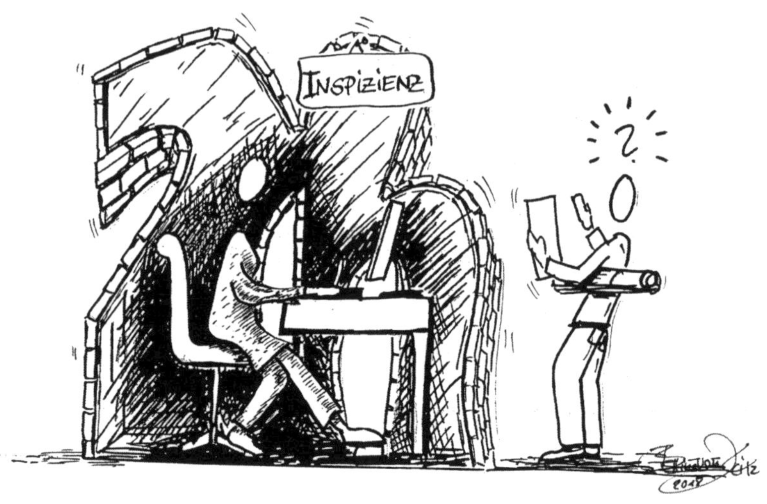

2 Stunden ungestört arbeiten

Nein sagen und Grenzen setzen

Manche Dinge bleiben einfach immer wieder an uns hängen, weil wir einmal »Ja« gesagt haben: Wir haben uns einmal bereit erklärt, die Weihnachtsfeier zu organisieren oder das Premierengeschenk für den Gastregisseur zu besorgen, und schon bleiben solche Aufgaben, die nicht in unserem Arbeitsfeld liegen und eigentlich reihum weitergereicht werden könnten, an uns hängen. Aus Kollegialität und Hilfsbereitschaft sind wir gern bereit, solche Sonderaufgaben zu übernehmen, doch es gibt Grenzen, die wir klar aufzeigen sollten.

Achten Sie darauf, wirklich nur »Ja« zu einer Sonderaufgabe zu sagen, wenn Sie sie auch zeitlich und mit Spaß an der Sache umsetzen können. Wenn Sie sie ablehnen müssen und Sie dann Ihr schlechtes Gewissen plagt, dann machen Sie sich bewusst, was für Sie Gutes dabei herausgekommen ist (Sie haben jetzt mehr Zeit für Dinge, die Ihnen wichtig sind oder guttun) und loben Sie sich dafür. Denken Sie an den Spruch: Das Nein zu anderen ist ein Ja für mich.

Das soziale Netzwerk pflegen

Wir sind soziale Wesen und benötigen auch ein soziales Umfeld – der eine mehr, die andere weniger. Doch jede und jeder von uns benötigt nahestehende Personen, auf die sie sich verlassen kann. Je vielseitiger und vertrauensvoller dieses Netzwerk ist, desto leichter können stressige Situationen aufgefangen werden. Dabei ist sicherlich die emotionale Unterstützung am wichtigsten: Wenn es uns schlecht geht, lassen wir uns von nahestehenden Personen trösten und aufbauen, wenn etwas gelungen ist, bekommen wir von Ihnen die verdiente Anerkennung und wir feiern und freuen uns mit ihnen. Emotionale Unterstützung können auch Psychologen oder Gesundheitscoachs bieten, wenn es z. B. um die Themen Stressbewältigung oder Umgang mit Lampenfieber geht.

Konkrete Hilfeleistungen in Form von Informationen können ebenfalls als soziale Unterstützung angesehen werden. Wenn im Probenplan ein Missverständnis vorliegt, können wir das KBB anrufen, oder wir können die Regieassistenz um Informationen bitten. Oder wir machen eine inhaltliche Weiterbildung (nehmen z. B. Gesangsunterricht) und holen uns so Unterstützung, die bereichernd und nützlich für uns ist.

Daneben gibt es die ganz praktische Unterstützung: Wir nehmen uns einen Babysitter, wenn abends ein Auftritt ansteht, oder eine Vertretung springt ein, wenn wir krank sind.

Ein gesundes soziales Netzwerk im Haus und unter Kollegen, aber auch privat zu pflegen, ist eine wesentliche stressvermindernde gesundheitliche Vorbeugemaßnahme.

Kleine Schritte

Gewohnheiten und Gedankenmuster lassen sich nicht von heute auf morgen ändern. Ein Tenor kann nach der ersten Übungsstunde keine Arie schmettern, eine Oboistin kein Solokonzert spielen oder ein Tänzer keine Hebefigur vollführen. Jeder Künstler braucht viele Übungsstunden und ein gezieltes Training, um ans Ziel zu gelangen. Gehen Sie in kleinen Schritten vor. Nehmen Sie sich ein Thema vor (Was belastet Sie derzeit am meisten?) und lassen Sie sich Zeit bei der Umsetzung. Meist reicht es, an einer ganz bestimmten Stelle anzusetzen, um weitreichende Veränderungen hervorzurufen. Besonders effektiv ist es, mit dem Drängendsten zu beginnen, auch wenn dies oft das emotional Schwierigste ist. Nach und nach programmiert man sich selbst dabei um und stärkt die eigene Gelassenheit wie einen Muskel.

Lebenssinn statt Liebessehnsucht

Bühnenkünstler stellen sich jeden Abend einem kritischen Publikum und offenbaren dabei ihr Wesen, ihre Seele, ihre Emotionen. Diese »Selbst«-Darstellung kostet viel Kraft und kann zu einer großen inneren Leere führen, wenn sie nicht durch Anerkennung gefüllt wird.

Da Künstler viele Aspekte einer gesunden Work-Life-Balance nicht im Auge haben, haben sie weniger Ressourcen, um in Krisen aufgefangen zu werden. Meist stehen Beruf und Selbstverwirklichung im Vordergrund. Gesundheit, Partnerschaft und Familie werden oft aus zeitlichen Gründen vernachlässigt, die sozialen Kontakte beschränken sich auf theaternahe Menschen. Woher also in Krisenzeiten Rückhalt nehmen? Wie die Sehnsucht nach Anerkennung stillen?

Es gibt einen Aspekt, den alle Künstler, egal wie eingebunden sie sind, hinterfragen können. Es geht dabei um die Frage nach dem Sinn der Arbeit und letztendlich nach dem Sinn des Lebens, ohne zu hoch greifen zu wollen.

Worin besteht der Sinn meiner künstlerischen Arbeit? Geht es mir um den Erfolg oder nur um die Tatsache, künstlerisch tätig zu sein? Wenn es mir um den Erfolg geht, wie bewerte ich ihn?

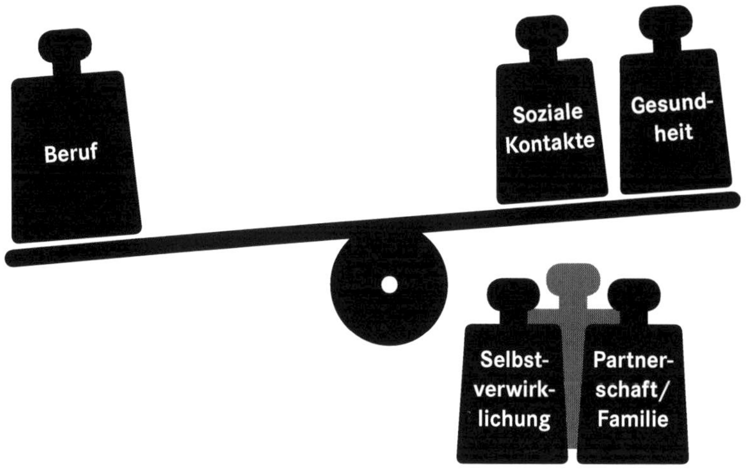

Aspekte der Work-Life-Balance

Was sind meine Kriterien? Richte ich mich nach der Meinung des Publikums, der Presse? Bin ich überzeugt von meiner Leistung? Nehme ich diese auch als Erfolg wahr?

Irgendwann gelangt man zu der Grundfrage: Was ist der Sinn meiner Arbeit für die Welt?

Vielleicht liegt er darin, anderen Menschen eine Freude zu machen, sie zu unterhalten oder meine Fähigkeiten weiterzuvermitteln. Komme ich zu dieser Antwort, wäre es unwichtig, ob ich eine klassische, von Leistungsnormen vorgegebene Karriere auf der Bühne absolviert habe. Der tiefere Sinn macht sich nicht an der Form (beispielsweise einer Anstellung an einem Staatstheater) fest, sondern an der eigenen Zufriedenheit in der Arbeit.

Dieser innere Wegweiser ist es, der Ihnen im Leben Glück, Stimmigkeit, Zufriedenheit und Einklang schenkt. Er umfasst damit auch die Schwankungen des Lebens mit seinen Entwicklungs- und Umbauphasen. Sie haben als Künstler im Leben reüssiert, wenn Sie mit Ihrem kreativen Potenzial sich selbst und andere glücklich machen – gleichgültig wo und wie. Die Frage nach dem tieferen Sinn meiner Arbeit ermöglicht neue Perspektiven und führt zu mehr Gelassenheit und weniger Stress.

Anregungen, wie Sie die Inhalte dieses Kapitel für sich nutzen können:

… zum Thema ›Achtsamkeit‹:

- Es gibt wunderbare Meditationsbücher und -Apps zum Thema Achtsamkeit im Alltag. Letztlich geht es in allen um das Gleiche, nur die Ansätze und Methoden sind unterschiedlich. Schauen Sie, welche Methode Sie am meisten anspricht und probieren Sie aus, welche Übungen am besten zu Ihnen passen. Dazu noch ein Tipp: Meist ist es schwierig, in stressigen Produktionsphasen mit Achtsamkeitsübungen zu beginnen. Hier bietet sich die Spielzeitpause als Einstieg an, um dann die über sechs bis acht Wochen erlernten und gefestigten Übungen in den Alltag zu integrieren.

… zum Thema ›Erholungsmethoden nach stressigen Phasen‹:

- Suchen Sie sich eine Bewegungsform, die Sie gerne machen, bei der Sie Spaß haben und die zu Ihrem Tagesablauf passt. Überlegen Sie auch, wann Sie diese Aktivität am besten ausführen. Morgens vor der Arbeit, mit dem Bewusstsein, Ihr Pensum schon erfüllt zu haben und entspannt in den Tag zu starten? Oder eher abends, um besser abschalten und den Tag abschütteln zu können? Oder vielleicht in der Mittagspause? Wählen Sie eine Bewegungsform, die zu Ihnen und Ihren Lebensumständen passt und die Sie mit Freude regelmäßig ausführen. Sonst werden Sie sie bald wieder aufgeben. Vielleicht motiviert es Sie, wenn Sie merken, dass sich körperliche Bewegung positiv auf Ihre Arbeit auf der Bühne auswirkt.

- Achten Sie im Alltag auf viel Bewegung. Nehmen Sie die Treppe im Haus, wählen Sie den langen Weg zu den Proberäumen, fahren Sie mit dem Fahrrad zum Theater – nutzen Sie alle Möglichkeiten, um sich körperlich zu betätigen und erschaffen Sie sich »künstliche« Bewegungsformen durch Umwege. Fragen Sie in der Personalabteilung oder bei der verantwortlichen Person für Arbeitssicherheit oder Gesundheitsmanagement nach In-Haus-Angeboten wie Yoga-Kurse etc. oder schlagen Sie solche Angebote vor.
- Nehmen Sie Ihr Entspannungsnervensystem, den Parasympathikus, ernst, pflegen Sie ihn und stärken Sie ihn aktiv, wie einen Muskel. Planen Sie Ihre Pausen und auch, wie Sie sie füllen möchten, ob mit einem kleinen Nickerchen, einer kurzen Meditation, einem Spaziergang oder indem Sie einfach auf einer Parkbank die Sonne genießen. Halten Sie sich an die Pausen! Sie sind »feste Termine«, die Sie nicht absagen sollten. Machen Sie sich bewusst: Sie haben einen Termin mit der wichtigsten Person in Ihrem Leben – mit sich!

  Wenn Sie Ihre Arbeit etwas freier gestalten können: Beachten Sie beim Festsetzen der Pausen auf Ihren Biorhythmus. Es gibt Phasen, in denen wir weniger leistungsfähig sind, bei einigen ist es der Vormittag, bei anderen die Mittagsstunde. Diese könnte man für Pausen gut nutzen.
- Machen Sie sich eine Liste mit entspannenden Aktivitäten, die Sie gerne machen oder in der Vergangenheit gemacht haben. Wenn wir uns im Stresstrubel befinden, vergessen wir oft, was uns guttut. Bitten Sie einen nahestehenden Menschen, Sie darin zu unterstützen, abzuschalten und

bei Bedarf mit Ihnen gemeinsam etwas zu unternehmen oder sich mit Ihnen zu verabreden.

- Suchen Sie sich eine Übungsform aus, bei der Sie sich gezielt in Ihrer Entspannungsfähigkeit weiterbilden und -entwickeln. Lernen Sie diese in entspannter und ruhiger Atmosphäre abseits Ihres Alltags, damit Sie sie verinnerlichen können.

... zum Thema ›Mentaltraining: Wie lenke ich meine Gedanken?‹:

- Wenn Sie wieder einmal »alles« negativ sehen, führen Sie sich das Gute vor Augen; blicken Sie auf alles Positive: Fragen Sie sich oder einen Kollegen: Was ist gut gelaufen? Wie schlimm war das Negative wirklich? Rege ich mich übertrieben über eine verpatzte Note auf, während der Rest überwältigend war? Es geht weder darum, sich alles schönzureden, noch in eine umgekehrte Spirale des Sich-schlecht-Machens zu gelangen. Es geht um eine gesunde Form des Realismus und um die Erkenntnis, dass meist viel mehr Positives geschieht, als wir denken.
- Arbeiten Sie nicht – getrieben von der Angst – vom Misserfolg weg, sondern auf den Erfolg hin. Und wenn er noch nicht kommt, dann sagen Sie sich: Er ist (jetzt) noch nicht da. Sehen und ergreifen Sie auch in den schwierigen Phasen des Wartens und Verharrens Ihre Chancen und stellen Sie sich positive und klare Zukunftsperspektiven vor. Alternativ können Sie sich auch in einer ruhigen Minute hinsetzen und die schlimmste Situation, das sogenannte Worst-Case-Szenario, ausmalen und einen Plan B entwickeln, um ihr inneres Angstprogramm zu beruhigen. Gehen Sie dann wieder zurück zu Ihrer positiven Zukunftsvision und schauen Sie, was Sie sich noch aneignen, wen Sie noch ansprechen oder um Rat bitten

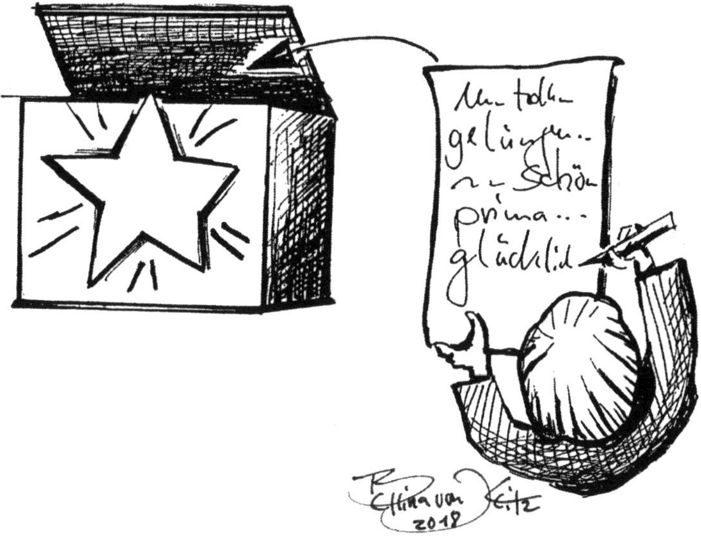

Erfolgsbox

können, um sie umzusetzen. Lassen Sie sich von Ihrer Vision anziehen.

- Legen Sie eine »Erfolgsbox« an, in die Sie Zettel oder Erinnerungsstücke an beglückende Begegnungen, gute Gespräche und inspirierte Aufführungen hineinlegen, oder ein Tagebuch, in das Sie abends die guten Erfahrungen oder positiven Gedanken des Tages eintragen. Das sind erfolgreiche und wirksame Mittel, um den Fokus auf das oft zu wenig beachtete Gelungene zu lenken.
- Wenn Sie Ziele haben, die sich derart konkretisieren lassen, dann machen Sie sie sich anhand der SMART-Formel deutlich. Lässt sich die Formel nicht anwenden, dann gestalten Sie die Ziele ganz individuell und nach eigenem Maßstab. (Eine Sängerin könnte sich das Ziel setzen, die

gesamte Aufführung über unangestrengt zu singen und es zu genießen.) Dann können Sie sich noch fragen: »Was benötige ich, um dieses Ziel zu erreichen?« Möglicherweise haben Sie bereits alles, oder aber Sie brauchen z. B. eine halbe Stunde Schlaf am Nachmittag, oder einen Kollegen, der Sie immer wieder an Ihr Ziel erinnert.

- Sehen Sie schwierige Situationen nicht als Angriffe auf Ihre Person und reagieren Sie, wenn möglich, nicht mit Verzweiflung und Wut. Ein Misserfolg ist kein Zeichen von Schwäche, was wieder einer sich selbst heruntermachenden Wertung gleichkommt, sondern einfach erst einmal etwas, das so nicht funktioniert hat. Es ist einfach so, wie es ist. Hat man die Realität erst einmal akzeptiert, gilt es, die nächsten Schritte zu planen. Welche Vorteile bringt diese Situation mit sich? Welche neuen Chancen ergeben sich? Was habe ich gelernt? Was muss ich vielleicht noch lernen?
- Wenn Sie sich dabei ertappen, eine Aussage einer Person auf sich zu beziehen, dann versuchen Sie sie objektiv zu betrachten: Hat die Person mich gezielt angesprochen und kritisiert? Oder ist diese Art der Kommunikation typisch für die Person? Kommen solche »Töne« häufiger vor oder bin ich vielleicht zu sensibel und habe es falsch verstanden? Danach versetzen Sie sich in die Person hinein: Muss sie aus betrieblichen Gründen so handeln? Oder fühlt sie sich in ihrer Position bedroht oder von mir angegriffen? Habe ich ungünstig kommuniziert? Oder Sie fragen einfach einmal nach … (Siehe dazu auch das Kapitel »Wertschätzende Kommunikation«)
- Planen Sie jeden Tag feste Zeiten für die Erledigung bestimmter Aufgaben ein! Machen Sie Ihren Kollegen und Kolleginnen klar, dass Sie in dieser Zeit nicht ansprechbar sind. Nach diesem Prinzip können Sie auch festlegen, wann Sie erreichbar sind.

... zum Thema ›Management der äußeren und inneren Reize‹:

- Falls Sie sich in einer Situation befinden, in der Sie sich überfordert fühlen, machen Sie sich zunächst erst einmal klar, welche Art von Unterstützung Sie benötigen. Haben Sie Zeitprobleme, benötigen Sie wahrscheinlich praktische Unterstützung und sollten sich mit Zeitmanagementfragen auseinandersetzen. Sollten Sie vor jedem Auftritt unter extremem Lampenfieber leiden, brauchen Sie wahrscheinlich eher emotionale Unterstützung von einem Coach, einem Psychologen oder einem guten Kollegen, der Ihnen zur Seite steht.
- Wenn Sie mit einer Person über eine andere reden, fragen Sie sich, warum Sie dies tun. Geben Sie Informationen weiter? Benötigen Sie einen weitgehend objektiven Abgleich? Den Blick eines Kollegen? Oder möchten Sie jemanden beeinflussen, manipulieren, sich selbst in ein besseres Licht rücken, indem Sie den oder die anderen schlechter dastehen lassen? Auch wenn Sie von anderen zum Lästern »eingeladen« werden, gehen Sie nicht darauf ein und wechseln Sie einfach das Thema.
- Fragen Sie Familienmitglieder oder Freunde, die nichts mit Kunst zu tun haben, nach ihren Erfahrungen mit Weiterbildungen, Studium etc. Schauen Sie, was Sie sinnvoll ergänzend studieren könnten oder welche Ausbildungen es gibt. Lassen Sie sich einen Rentenplan, eine Lebensversicherung etc. erklären, sollten Sie sich mit diesen Themen noch nicht beschäftig haben. Tun Sie Fragen wie »Und wie soll es weitergehen bei dir?« nicht als lästig ab, sondern nutzen Sie Gespräche, um über Perspektiven nachzudenken. Wenn Sie Unterstützung brauchen, fragen Sie: »Du kennst mich doch gut: Was meinst, was ich noch besonders gut kann? Worin könnte ich mich noch ausbilden?«

Entwickeln Sie eine realistische Lebensperspektive, gegebenenfalls mit einem Coach oder einem Therapeuten.
- Pflegen Sie bewusst das Netzwerk der Kunstfernen. Suchen Sie sich zum Beispiel ein Ehrenamt oder lassen Sie sich aktiv in Gemeinschaften einbinden, über Kindergärten, über Kurse, die Sie vielleicht besuchen oder geben. Oder: Suchen Sie sich ein Hobby, wie beispielsweise eine neue Bewegungskunst oder eine Kreativtechnik wie Malen oder Werkeln, oder eben soziale oder politische Aktivitäten. Hauptsache, Sie können in dieser Zeit abschalten und neue Perspektiven kennenlernen. Erforschen Sie dabei bewusst die Welt außerhalb des Theaters. Denken Sie daran: Alles, was Sie erfahren, kommt nicht nur Ihrer Gesundheit, sondern auch Ihrer künstlerischen Arbeit zugute.
- Halten Sie sich im Arbeitsumfeld an Kollegen, die Ihnen offen und wohlwollend entgegentreten und Ihre Stärken wahrnehmen und schätzen. Sie sind meist ehrliche und gute Feedbackgeber.
- Machen Sie sich Ihre Motivation klar: Was möchten Sie mit Ihrem Kunstschaffen erreichen? Was ist der tiefere Sinn Ihrer Arbeit? So können Sie leichter neue Ideen, neue Perspektiven und Handlungsmöglichkeiten in oder jenseits der Theaterwelt entwickeln.

Kapitel 5:
Wertschätzende Kommunikation

Grundlage aller Theaterarbeit ist die ästhetische bzw. theatrale Kommunikation zwischen Darsteller und Zuschauer, doch wie sieht es mit der Alltagskommunikation im Theater aus? In vielen Theatern klagen die Mitarbeiter über »mangelnde« Kommunikation oder einen unproduktiven Informationsfluss. Komplexe ästhetische Gedankengänge, Metareflexionen, ironische Verfremdungen und rhetorische Ergüsse sind in vielen praktischen Organisationssituationen im Alltag unangebracht und lösen unnötiges Chaos aus. Oft ist es eine missglückte Kommunikation, die im Theater viele Konflikte auslöst. Wie kann Kommunikation im Theaterbetrieb angesichts der großen Zahl der dort beschäftigten Berufsgruppen, die zum Teil ihre »eigenen Sprachen« sprechen, gelingen?

Der Blick auf die alltägliche Kommunikation, ihre Struktur und vor allem auf die Möglichkeiten, sie effektiver zu gestalten, ist ein äußerst wichtiger Aspekt für ein gelungenes Miteinander und letztlich auch für ein Gelingen der Kunst; nicht trotz der vorherrschenden Kommunikation, sondern dank ihr.

Was ist Kommunikation?

Stellen Sie sich vor, Sie seien Opernsängerin in einer Probe und hören vom Regisseur folgenden Satz:

»So geht das nicht.«

Wie interpretieren Sie diese Aussage? Was »hören« Sie?*

Je nach Tonfall und Körpersprache des Regisseurs könnte er Folgendes damit ausdrücken: Kritik, Tadel, Jähzorn, Ärger, Unzufriedenheit, Verzweiflung, Hilflosigkeit, Panik, Mahnung, Nachdenklichkeit ... Wie haben Sie den Satz gedeutet? Was ist bei Ihnen angekommen?

An diesem Beispiel können wir uns mit der Anatomie der Kommunikation vertraut machen, dem Gerüst, das wir jedes Mal vorfinden, wenn Kommunikation stattfindet.

Laut Definition ist Kommunikation (lat. *communicatio*: Mitteilung) die Mitteilung oder der Austausch von Informationen. Eine Information besteht aus Daten, Fakten oder Einschätzungen, die zu einem bestimmten Zweck vermittelt werden. Damit eine Nachricht übermittelt werden kann, erfordert es einen Sender und einen Empfänger, in unserem Beispiel den Regisseur als Sender und die Sängerin als Empfängerin. Der Sender entscheidet sich dazu, eine Nachricht zu übermitteln, er enkodiert sie und wählt dazu die für ihn passenden verbalen und nonverbalen Kanäle aus, d. h. er wählt seine Worte, seine Tonlage, die Körperhaltung etc., um die Nachricht auf die für ihn stimmige Art einem Empfänger zu vermitteln. In unserem Beispiel sieht der Regisseur auf einer Probe, dass der Auftritt der Sängerin szenisch an einer bestimmten Stelle nicht funktioniert, er sagt dann spontan und eher zu sich selbst – dennoch laut genug, um die Probe zu unterbrechen: »So geht das nicht«, weil er unzufrieden mit seiner Arbeit ist.

Doch wie dekodiert die Sängerin diese Aussage? Hört sie wirklich das, was der Regisseur ausdrücken will?

---

* Zur Vertiefung siehe das Vier-Ohren-Modell (»Sach-, Beziehungs-, Selbstkundgabe-, Appell-Ohr«) von Friedemann Schulz von Thun. In: Friedemann Schulz von Thun: *Miteinander reden: 1. Störungen und Klärungen*, Hamburg: Rowohlt, 2008, S. 44ff.

Was kommt an?

Die Schwierigkeiten beginnen in vielen Fällen an genau dieser Stelle: Der Empfänger dekodiert die Nachricht aus seiner Sicht. Ob er tatsächlich das dekodiert, was der Sender senden wollte, kann der Sender erst feststellen, wenn er die Reaktion des Empfängers wahrnimmt.

Reagiert die Sängerin betroffen, in Tränen aufgelöst, mit einem fragenden Blick oder wütend – kann er ahnen, was angekommen ist. Eine harmlose Bemerkung, die eigentlich nicht an sie gerichtet war, wurde von ihr als Tadel und Kritik interpretiert.

Woran liegt das?

Meine ich das, was ich sage? - Die richtige Wortwahl

Die Schwierigkeit einer klaren Kommunikation liegt nicht nur in der Frage, was angekommen ist, sondern auch in der richtigen Wortwahl.

Ein Beispiel aus einer Bühnenprobe:

Ein Techniker hatte beobachtet, dass sich ein Schauspieler in der vorher geprobten Szene in eine gefährliche Situation gebracht hatte. Er sprach den Schauspieler an: »Darf ich dir einen Tipp geben?«

»Nein, danke«, antwortete der Schauspieler, der gerade über seinen Text brütete und eine misslungene Textpassage lernen wollte.

»Dann halt nicht, du Depp!«

Der Techniker dampfte nach der Reaktion des Schauspielers wütend ab.

Warum reagierte er so?

Es stellte sich heraus, dass der Techniker den Schauspieler mit seiner Frage behutsam und auf höfliche Art und Weise ansprechen wollte. Zudem erwartete er ein »Ja« auf seine Frage.

Der Schauspieler hatte gerade andere Sorgen, er wollte sich seinem Text widmen und nicht gestört werden. Da er von einem wenig dringlichen Tipp ausging, den er sich gegebenenfalls auch

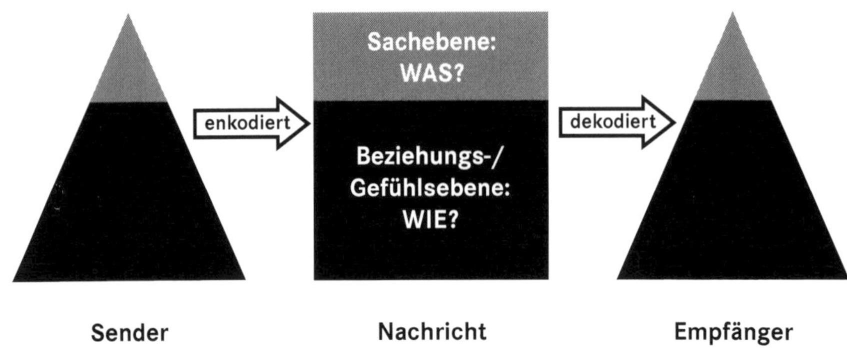

Wir senden und empfangen Nachrichten nicht nur auf der Sachebene, immer schwingt die Beziehungs- bzw. Gefühlsebene mit.

später noch abholen konnte, beantwortete er die Frage seiner Gemütslage entsprechend mit »Nein«.

Die Ablehnung interpretierte der Techniker so, dass ein »großer Künstler« von einem »kleinen Techniker« keine Hilfe annehmen will, und empfand die Abfuhr als Kränkung. Er reagierte daraufhin mit einer schroffen Aussage und stempelte den Schauspieler als »Depp« ab, der diese Bemerkung wiederum als Beleidigung auffasste. Beide haben in ihren Welten richtig reagiert, nur durch die unglückliche Fragestellung des Technikers kam es zu Missverständnissen und Fehlinterpretationen.

Günstiger ist es in diesem Fall, beschreibend vorzugehen, z. B.: »Kurz einen Hinweis: Wenn du das so machst, wird es für dich gefährlich.« Diese Aussage ist klar und höflich formuliert, der Schauspieler kann die Botschaft (Warnung) erfassen und verstehen und in einem zweiten Schritt zu einer Lösung kommen.

Die große Bedeutung der Gefühlsebene

Mit jeder Nachricht senden wir nicht nur sachliche Informationen, sondern es spielen auch unsere Gefühle und Erfahrungen hinein.* Es kommt darauf an, ob wir bereits gute oder schlechte Erfahrungen mit unserem Gegenüber gemacht haben oder ob wir bereits ähnliche Situationen erlebt haben. Darüber hinaus spielen unsere Werte eine Rolle, unsere Erziehung und Ausbildung, unsere Ansichten und Meinungen, unsere Persönlichkeit, die aktuelle Stimmungslage und körperliche Verfasstheit und wie wir die aktuelle Situation bewerten – all diese individuellen und gefühlsbetonten Faktoren, die unterschwellig wirken, nehmen einen größeren Einfluss, als es uns oft bewusst ist.

Auch mein Gegenüber kommt mit seiner unsichtbaren weiten Gefühlswelt auf mich zu. Und somit ist eines ganz sicher: eine rein sachliche, objektive Diskussion ist nie möglich. Es gibt immer nur die subjektive Sicht auf die Dinge, was wiederum Kommunikation auf eine Art sehr demokratisch macht. Beide haben in ihren Welten recht. Solange ich meine, dass meine Sichtweise eine objektive Wahrheit verkörpert und alle anderen Menschen sich ihr unterzuordnen haben, wird eine konstruktive Kommunikation schwierig. Wenn ich allerdings offen und auf Augenhöhe in ein Gespräch gehe und immer auch von der Möglichkeit ausgehe, dass vielleicht auch in der gegensätzlichen Meinung eine wertvolle Information für mich liegen könnte, ist die Chance größer, dass ich in guten Kontakt mit meinem Gegenüber komme.

Ein Bewusstsein für »kommunikative Fehlbarkeit« pflegen

Je mehr wir uns mit den Fallstricken der Kommunikation auseinandersetzen, desto erstaunlicher ist es, dass wir uns überhaupt verstehen können. In diesem Bewusstsein liegt gleichzeitig auch der Schlüssel zu gelingender Kommunikation. Sobald ich mir

---

* Siehe Paul Watzlawick/Janet H. Beavin/Don D. Jackson: *Menschliche Kommunikation. Formen, Störungen, Paradoxien*, Bern: Verlag Hans Huber, 2011, S. 61–64.

bewusst bin, wie schwer es ist, gut zu kommunizieren und meine Aussage derart klar zu formulieren, dass sie so ankommt, wie ich es möchte, desto mehr Mühe gebe ich mir und desto aufmerksamer nehme ich auch Misstöne wahr, die möglicherweise damit einhergehen.

Wir werden es selten schaffen, perfekt zu kommunizieren und immer alle Fallstricke zu umgehen. Wenn wir jedoch achtsam genug sind, um anhand der Reaktion der anderen zu merken, dass möglicherweise etwas missverstanden wurde, und die Größe haben, uns selbst zu hinterfragen, ob wir eine unglückliche Formulierung gewählt haben, dann lassen sich Missverständnisse leichter aus der Welt räumen.

Jede Sichtweise hat ihre Berechtigung

Damit gute Kommunikation gelingen kann, ist es auch wichtig, sich bewusst zu machen, dass in einem Gespräch unterschiedliche Welten aufeinandertreffen. Jeder Mensch sieht und bewertet die Welt erst einmal aus seiner Sicht, durch seine eigene Brille. So halten wir gewisse Dinge und Ansichten für wichtig, richtig und gut, andere für unwichtig, falsch und schlecht. Wir sind keine neutralen Beobachter, sondern immer subjektive Wahrnehmende.

Unsere Erwartungen und inneren Haltungen können regelrechte »blinde Flecken« in unserer Wahrnehmung auslösen.* Ein Techniker sieht einen Bühnenaufbau unter sicherheitstechnischen und organisatorischen Aspekten, für einen Bühnenbild-

---

* Wer tiefer einsteigen möchte, dem sei der gesamte Komplex der selektiven Wahrnehmung empfohlen. Hierzu gibt es spannende Testvideos im Internet, z. B. »The monkey business illusion« von Daniel Simons. Es ist beeindruckend und auch erschreckend, dass wir oft nur bestimmte Dinge bewusst wahrnehmen und andere komplett ausblenden. Somit verzerren wir die vermeintliche Realität, die wir mit »eigenen Augen« gesehen haben, erheblich. Zu Wahrnehmungsverzerrungen siehe auch Daniel Kahnemann: *Schnelles Denken, langsames Denken,* München: Siedler, 2012.

ner zählen Ästhetik und Handwerk, für den Schauspieler Bewegungsfreiheit und Bespielbarkeit. Jede dieser Sichtweisen hat ihre Berechtigung. Und die große Kunst im Theater ist es, all diese berechtigten Sichtweisen unter einen Hut zu bringen. Ohne Verständnis für die Notwendigkeit der anderen Sichtweise sind Konflikte hier vorprogrammiert. Und nicht nur das: Ohne die sicherheitstechnische Sicht sind die Künstler gefährdet, ohne eine gute Bespielbarkeit findet keine Kunst statt, und ohne die handwerklichen Fähigkeiten gibt es kein Bühnenbild. Alles muss zusammenwirken, und alle Sichtweisen sind essenziell notwendig, damit Kunst gelingen kann.

Das Selbstgespräch

Neben der Kommunikation mit anderen Menschen, dem interpersonellen Austausch, existiert die sogenannte intrapersonelle Kommunikation, Auto- oder Selbstkommunikation. Dabei handelt es sich um die vielen Selbstgespräche, in denen wir uns innerlich mit unseren Erwartungen, Werten und Haltungen auseinandersetzen, z. B. mit Aussagen wie »Das schaffe ich nie.« – »Der ist viel besser als ich.« – »Ich bin nicht so begabt.« – »Das ist totaler Blödsinn.« Auch ganze Theaterhäuser können sich innere Entwicklungsgrenzen auferlegen, was man an dem sehr geläufigen Satz erkennt: »Das haben wir schon immer so gemacht« oder an seinem Zwillingsbruder »Das haben wir noch nie so gemacht«.

Wenn die Sängerin aus unserem Beispiel schon unsicher in die Probe gegangen ist, weil sie sich im Selbstgespräch eingeredet hat, sie hätte eigentlich nicht genug Talent, dann wird sie die Aussage des Regisseurs (»So geht das nicht«), der ihren szenischen Auftritt damit meinte, als Bestätigung ihrer Unfähigkeit aufnehmen. Und das wird sie emotional wesentlich mehr treffen. Wahrscheinlich wird sie danach auch schlechter singen.

Hier befinden wir uns auf der Spur der selbsterfüllenden Prophezeiung:* Unsere inneren Vorstellungen oder Vorurteile über die Realität, über andere Menschen oder in diesem Fall über sich selbst führen dazu, dass wir uns so verhalten, dass letztendlich genau das eintrifft, was wir erwartet haben. Nicht weil es »real« war, sondern weil wir es zur Realität haben werden lassen. Wenn ich einen Regisseur von vornherein als ungerecht und unfreundlich einschätze, werde ich ihm wahrscheinlich vorsichtig, skeptisch und zurückhaltend gegenübertreten, was ihn wiederum dazu verleiten könnte, mich seltsam und unsympathisch zu finden, wodurch wiederum sein Verhalten kritischer wird, und ich am Schluss die Genugtuung spüre, mit meiner Vermutung recht gehabt zu haben. Unsere Erwartungen und Einschätzungen beeinflussen unser Verhalten, und andere Menschen reagieren darauf entsprechend. Dieser Effekt kann sich auch positiv auswirken: In einer berühmten Studie der amerikanischen Psychologen Rosenthal und Jacobson wurde 1965 Lehrern an einer Grundschule mitgeteilt, dass eine Gruppe Schüler besonders begabt sei. Diese zufällig ausgewählten Schüler verbesserten ihre Leistungen im Vergleich zu den anderen deutlich. Allein die innere Wertung der Lehrer hat ihr Verhalten derart beeinflusst, dass normale Schüler zu guten Schülern wurden.**

Wenn wir uns bewusst machen, welche Wirkung das Um- bzw. Neudenken bzw. eine positive Erwartungshaltung hat, sind wir in der Lage, unser Umfeld neu und annehmbarer zu gestalten.

---

* Siehe Paul Watzlawick/Janet H. Beavin/Don D. Jackson: *Menschliche Kommunikation. Formen, Störungen, Paradoxien*, a. a. O., S. 111.

** Vgl. Stichwort: Pygmalion-Effekt u. a. in Björn Migge: *Handbuch Coaching und Beratung*, Weinheim/Basel: Beltz, 2005, S. 520.

Nonverbale Kommunikation

»Dass Kommunikation so individuell und verschieden ist, wie mein Gegenüber, verwirrt zunächst, ist dann aber stärkend«, beschrieb ein Sänger seine Erfahrung nach einem Seminar. »Diese Erkenntnis hat mir viele Dinge klargemacht. Dinge, die man zwar weiß, aber irgendwie nicht beachtet, ausblendet, z. B. die Kraft der Körpersprache und der nonverbalen Signale, die man unbewusst sendet. Das sind Faktoren, die man selber ›produziert‹ und dementsprechend auch ›kassiert‹!«

Noch bevor ein Wort gesagt ist, wirkt allein der körperliche Auftritt. Wir wirken durch Haltung, Mimik, Gestik, Kleidung und schließlich beim Reden auch durch Tonfall und Stimmlage, Lautstärke, Rhythmus, Aussprache, Intonation und Geschwindigkeit – den sogenannten parasprachlichen Aspekten.

Die Wirkung der Körpersprache ist enorm. Auch wenn beispielsweise in informativen Vorträgen sicherlich der sachliche Inhalt des Redners von größerer Bedeutung ist, kann seine Glaubwürdigkeit bereits durch einen guten ersten Eindruck, durch die Kleidung, die (selbstbewusste) Haltung, souveräne Gesten, eine freundliche Mimik oder einen klaren Einsatz der Stimme unterstrichen werden. Um ein Vierfaches mehr können nonverbale Signale im Vergleich zu verbalen wirken.*

Bühnensprache ist Körpersprache

»Wenn der Körper auf der Bühne nicht präsent ist, kann noch so viel Charakterarbeit vorhanden sein, die Rolle wird nicht überzeugen«, sagte eine Schauspiellehrerin.

Selten arbeiten Schauspieler nach ihrer Ausbildung noch bewusst an Körperarbeit und -ausdruck. Sänger, die sich zwar

---

* Vgl. https://en.wikipedia.org/wiki/Nonverbal_communication: Abschnitt: Versus verbal communication.

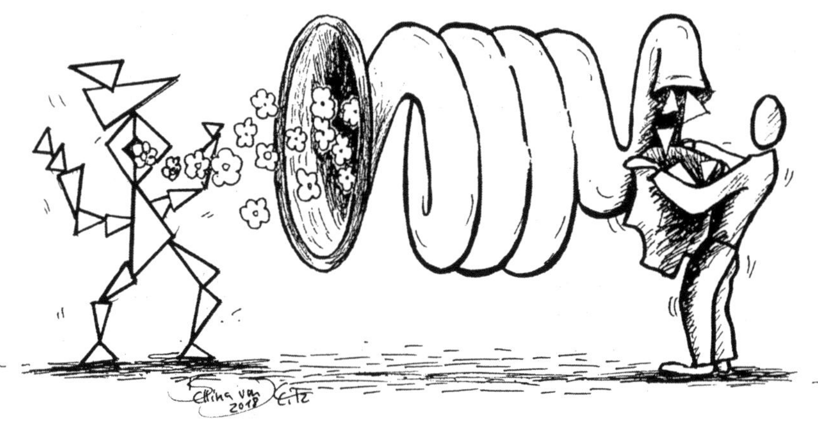

Die Kraft der Körpersprache

stimmlich weiterbilden und trainieren, haben meist noch weniger Zugang zu bewusster Körperarbeit.

Dabei unterstützt unsere Körpersprache unsere Worte. Jeder emotionale Impuls oder jeder Gedanke, der sich in Worten ausdrücken möchte, zeigt sich automatisch in einer körperlichen Reaktion. Wenn wir uns freuen, lächeln wir. Wenn wir uns verletzen, zucken wir zusammen oder legen die Stirn in Falten. Wenn wir eine aufregende Geschichte erzählen, werden wir automatisch eine höhere Körperspannung und mehr Gestik einsetzen. Körpersprache verwenden wir immer – selbst wenn wir schweigen. Daher ist auch eine der Grundregeln des Kommunikationsforschers Paul Watzlawick: »Man kann nicht nicht kommunizieren.«* Und mit dieser Macht des Körpers gilt es nicht nur im Alltag, sondern auch auf der Bühne bewusst umzugehen.

---

* Siehe Paul Watzlawick/Janet H. Beavin/Don D. Jackson: *Menschliche Kommunikation. Formen, Störungen, Paradoxien*, a. a. O., S. 60.

Kraft der Körpersprache

Dabei ist zu beachten, dass die Körpersprache viel schwerer zu beeinflussen ist als das gesprochene Wort. Vieles läuft unbewusst ab, und so kann gerade das körperliche Verhalten für einen geschulten Beobachter mehr als tausend Worte sagen. Während das gesprochene Wort eher den Inhalts- und Sachaspekt einer Botschaft vermittelt, transportiert die nonverbale Sprache den Beziehungs- und Gefühlsaspekt. Daneben vermittelt sie Authentizität und Glaubwürdigkeit. Wenn die Körpersprache stimmt, glauben wir dem Wort eher.*

Wenn man überzeugend und glaubwürdig kommunizieren will, sollten die Körpersprache und das gesprochene Wort übereinstimmen bzw. dem entsprechenden Zweck dienen. Tun Sie das nicht, kann das einen irritierenden Effekt haben oder komisch wirken. (Gekonnt eingesetzt ist dies ein fabelhaftes Stilmittel für einen Schauspieler, eine Pointe zu setzen oder Figuren eine andere Tiefe zu geben; in Alltagssituationen sollte es vermieden werden, wenn man aufrichtig kommunizieren will.)

ÜBUNG:

Achten Sie in verschiedenen Situationen bewusst auf Ihre Körperhaltung/-spannung (beim Stehen, Liegen, Sitzen, Gehen), Ihre Mimik, Gestik und Stimme (Tonfall, Geschwindigkeit, Höhe). Suchen Sie eher die Nähe zu Ihrem Gesprächspartner oder bleiben Sie auf Distanz? Suchen Sie Blickkontakt? Reden Sie langsam oder schnell? Gibt es Körperhaltungen oder Gesten, die Sie oft einnehmen oder machen (mit den Fingern

---

* Siehe dazu den Begriff der Kongruenz in der Kommunikation, in: Friedemann Schulz von Thun: *Miteinander reden: 1 – Störungen und Klärungen*, a. a. O., S. 116–118.

durch die Haare fahren, an der Nase zupfen, Arme verschränken, mit den Fingern trommeln etc.). Die Körpersprache sendet Ihrem Gegenüber Botschaften und könnte beispielsweise als Unsicherheit, Langeweile, Desinteresse, Anspannung etc. interpretiert werden.

Grundtechniken verbaler Kommunikation

Kommunikation ist vielschichtig und komplex – besonders wenn zu der nonverbalen Sprache das gesprochene Wort hinzukommt. Meist ist keine böse Absicht im Spiel. Daher können Sie bereits jetzt mit diesem Bewusstsein vielleicht in der einen oder anderen Situation die (unglücklichen) Worte Ihres Gegenübers mit größerer Milde aufnehmen. Wenn Sie feststellen, dass Ihr Gegenüber unerwartet heftig reagiert, sollten Sie schauen, wie und was Sie gesendet haben. Oft werden Worte missverstanden. Wie lässt sich das vermeiden? Wie kann ich günstiger verbal kommunizieren?

Zu dem Thema »verbale Kommunikation« gibt es inzwischen unzählige Bücher (eine Auswahl siehe Anhang) und Seminare. In diesem Kapitel möchte und kann ich auch nur eine Einführung geben. Dennoch helfen erfahrungsgemäß bereits diese wenigen einfachen Grundprinzipien zum Senden und Empfangen von Nachrichten, um im Alltag besser miteinander kommunizieren zu können.

Die Kommunikationsbrücke: Die Sender-Seite

In einer konstruktiven, ausgewogenen Kommunikationssituation geht es sowohl darum, die eigene Position darzulegen als auch die andere Seite zu verstehen. Im Idealfall sollten beide Seiten in einem ausgewogenen Verhältnis zueinanderfinden und eine Verbindung herstellen.

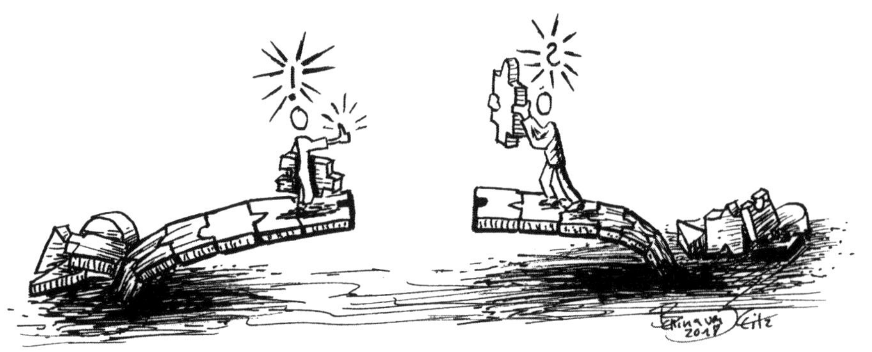

Die Kommunikationsbrücke

Wenn wir diese »Brücke« zueinander bauen, sollten wir unseren Gesprächspartner stets im Blick haben: Es geht nicht nur darum, was ich zu ihm sage, sondern ob er damit auch etwas anfangen kann. Wenn ein Techniker einem Schauspieler mitteilt, dass es für ihn untersagt ist, aufgrund der DGUV-Schrift 215–315* auf das Podium zu steigen, wird der Schauspieler ihn nur genervt anschauen und es möglicherweise dennoch tun. Meine Aufgabe beim Senden besteht nun darin, die eigene Seite empfängergerecht zu vermitteln. Der Techniker könnte sagen: »Ich möchte nicht, dass du dich verletzt. Noch ist das Podium nicht abgesichert. Kannst du einen Augenblick warten?« Im Idealfall versucht mein Gegenüber, das Empfangene sendergerecht zu verstehen. Wir kommen uns also wohlwollend entgegen und bauen von beiden Seiten eine »Kommunikationsbrücke«.**

---

* Deutsche Gesetzliche Unfallversicherung Information 215–315: *Sicherheit bei Veranstaltungen und Produktionen*, Berlin, 2015.

** Natürlich kann ich nicht davon ausgehen, dass mein Gegenüber kommunikativ geschult ist und mir das gleiche Verständnis entgegenbringt. Wer allerdings von vorneherein bewusster in ein Gespräch geht, kann leichter einen Weg zum anderen finden. So lässt sich, um im Bild zu bleiben, auch von einer Seite »eine Brücke bauen«.

Im Theater – wie in vielen anderen Unternehmen – mangelt es weniger an Kommunikation als an Nicht-Kommunikation oder unkonkreter Kommunikation. Zwar wird viel geredet, aber die entscheidenden Faktoren, die für gelingende Kommunikation notwendig sind, fallen häufig unter den Tisch oder kommen als Mehrfach-Botschaften an, die in sich nicht stimmig sind und die verwirren oder von vorneherein falsch verstanden werden.

Da wir uns permanent in einem Austausch befinden und gerade im künstlerischen Bereich kontinuierlich Bewertungen, Bitten, Kritik oder Wünschen ausgesetzt sind, ist es von Vorteil, sich eine gute und zielführende Technik anzueignen, wie wir anderen Menschen etwas sagen, ohne sie vor den Kopf zu stoßen, und – noch wichtiger – wie auch wir Gesagtes mit mehr Gelassenheit und Bewusstsein für mögliche Missverständnisse empfangen.

Schauen wir uns zunächst die eine Seite der Kommunikationsbrücke an: das Senden.

Das Was *und das* Wie

Beim Senden gibt es ein *Was*, den Inhalt, und ein *Wie*, die Art, wie etwas verpackt wird. Der Inhalt kann richtig sein, doch die Art und Weise falsch: »Falsch! Falsch! Falsch! Wer hat dich denn angestellt?«

Die Kunst ist es, den Inhalt so zu vermitteln, dass mein Gegenüber ihn auch akzeptieren kann.

Möchten wir also, dass das ankommt, was wir senden, ist nicht nur eine hohe Präzision in der eigenen Wortwahl nötig, sondern auch ein empathisches Gespür für den richtigen Ton, eine Sensibilität für die Reaktionen der anderen Menschen und ein Verständnis dafür, dass andere Menschen Dinge anders auffassen. Manchmal hilft es, nicht nur über das Was zu reden, sondern auch über die Art, wie wir das Wie gestalten.*

Nur Relevantes erzählen

Gerade in dem informationsreichen und zeitknappen Theateralltag ist es hilfreich für alle, wenn wir uns auf die wesentlichen Informationen beschränken. Wenn Sie Informationen senden, dann teilen Sie genügend, aber für den Sender nur Relevantes mit. Wenn der Techniker Sie fragt, wann er welche Kulisse wie fahren soll, braucht er (außer er fragt explizit danach) keine detaillierten Hintergrundinformationen zur jeweiligen Spielsituation auf der Bühne, sondern lediglich eine klare praktische Anweisung von Ihnen.

Hören Sie genau hin und geben Sie, der Situation entsprechend, nur relevante Informationen. Danach können Sie immer noch fragen: Brauchst du mehr Informationen? Zur Figur? Zur Situation auf der Bühne?

Begründungen

Oft mangelt es bei der Vermittlung einer sachlichen Information an der Begründung. Für jeden Empfänger – außer er sagt explizit, dass er den Grund gar nicht wissen will – ist eine Aufforderung, eine Änderung oder ein Wunsch besser nachvollziehbar, wenn er weiß, welche Absicht oder welches Bedürfnis dahintersteckt.

Gerade in potenziellen Konfliktsituationen auf der Bühne beispielsweise zwischen dem Bühnenbildner, Regisseur und Bühnenmeister ist es hilfreich, wenn alle Gedanken klar kommuniziert werden. Das hat zum einen den Vorteil, dass Entscheidungen nicht persönlich genommen und damit Konflikte geschürt werden. Zum anderen können die anderen auch mit eigenen Lösungsvorschlägen aufwarten, die möglicherweise noch optimaler sind. Gleichzeitig vergrault man nicht unnötig andere

---

* Hier geht es um die sogenannte »Metakommunikation«, das Reden über die Art der Kommunikation. Vgl. dazu Friedemann Schulz von Thun: *Miteinander reden: 1. Störungen und Klärungen*, a. a. O., S. 91.

Menschen, auf deren künstlerische Leistung und Motivation man angewiesen ist. Denn oft werden gerade die Mitarbeiter in den Werkstätten vergessen: Selten erfahren die Künstler im Malsaal und in den Werkstätten, warum das Bild oder die komplexe Hebekonstruktion, an denen sie zwei Wochen gearbeitet haben und auf die sie zu Recht stolz sind, plötzlich nicht mehr auf der Bühne gebraucht werden.

Auch hilft es in einigen Fällen, die emotionalen Hintergründe und die persönliche Bedeutung zu erläutern. Je besser man nachvollziehen kann, woher ein Wunsch kommt, desto wahrscheinlicher wird man ihm nachgehen.

Wichtige Informationen übermitteln und wiederholen

Übermitteln Sie von sich aus regelmäßig alle wichtigen Informationen und seien Sie sich nicht zu schade, diese mehrfach zu wiederholen. Informieren Sie vorausschauend und aktiv, gerade wenn Sie ahnen oder aus Erfahrung wissen, an welchen Stellen häufiger Informationen verloren gehen. Gerade bei langjährigen Mitarbeitern im Theater hört man oft den Satz: »Das weiß man doch« oder auch »Das ist allgemein bekannt, dass wir das hier so pflegen«. Viele Abläufe im Bühnenbetrieb werden als bekannt vorausgesetzt. Erfahrungsgemäß hat aber jedes Haus seine eigenen Gepflogenheiten. Ob Sie selbst als Gast im Haus sind, eine neue Stelle angefangen haben oder ob Sie auch mit Bereichen wie z. B. der Technik zusammenarbeiten, bei denen Sie die Ablaufdetails nicht kennen – oft vergessen wir, entscheidende Informationen mitzuteilen oder auch einzufordern. Die ungünstige Folge: Der Betriebsablauf kommt unnötig ins Stocken und Schuldzuweisungen werden ausgesprochen. Man sollte nicht davon ausgehen, dass eine Information immer sofort bei allen ankommt und abgespeichert wird. In einem Vortrag gilt, dreimaliges Wiederholen ist mindestens nötig, um eine Botschaft zu verankern. Zumal auch heute die Informationsflut derart zugenommen hat, dass es trotz Online-Kalender und mobiler Erinnerungsnachrichten an Zuverlässigkeit mangelt.

Wenn trotzdem etwas schiefgeht, sollten wir es nicht persönlich nehmen (»Ich habe es dir doch gesagt«), sondern lösungsorientiert schauen, wie man es das nächste Mal anders machen kann, damit wichtige Informationen auch ankommen und abgespeichert werden können.

Den richtigen Zeitpunkt und einen günstigen Ort wählen
Eine Stunde vor der Premiere während der Toi-toi-toi-Runde des Regisseurs ist nicht der richtige Zeitpunkt, um grundsätzliche Mängel in seinem Führungsstil zu erörtern. Auch ist eine Ensemblesitzung im Plenum nicht der Ort, um ein persönliches Thema mit einem Schauspieler zu klären. Des Weiteren kann eine wirksame Kommunikation nicht gelingen, wenn heftige Emotionen im Spiel sind. Ein cholerischer Chorleiter, der sich gerade über eine fehlerhaft gesungene Stelle aufregt und in seiner Emotion gefangen ist, wird in diesem Moment nicht fähig sein, rational zu reagieren. Ganz im Gegenteil, jede Gegenstimme wird von ihm als Angriff gewertet.

Um ein gutes Gespräch, besonders wenn es emotional brisant ist, zu führen, sind der richtige Zeitpunkt, wenn die Gemüter wieder abgekühlt sind, und ein günstiger Ort, an dem Sie Ruhe haben, wichtig. Unangenehme Themen sollten Sie in geschützter und ungestörter Atmosphäre besprechen, in einem Büro oder ohne Zuhörer bzw. Zuschauer auf der Probebühne.

Vereinbaren Sie für die Besprechung eines schwierigen Themas einige Zeit im Voraus einen Termin, damit Sie sich und Ihr Gesprächspartner darauf vorbereiten können. Sagen Sie: »Ich möchte gern mit dir über das Thema x sprechen und würde gern einen Termin vereinbaren.« Planen Sie für das Gespräch genügend Zeit ein. Es geht darum, mit kühlem Kopf Konflikte ansprechen und bestenfalls in einer ruhigen Situation klären zu können.

Feedback geben

Gerade weil im künstlerischen Bereich viel Kritik geübt, oder positiv ausgedrückt, Rückmeldungen gegeben werden, möchte ich im Folgenden auf ein praktisches Werkzeug hinweisen, wie Sie auf wirksame und elegante Art auch negative Rückmeldungen geben können, ohne jemanden zu verprellen oder zu demotivieren.

Wie gebe ich korrektes Feedback?

Der Begriff »Feedback« stammt aus der Kybernetik, der Lehre der Steuerungs- und Regelungsvorgänge. Es bezeichnet den Vorgang der Rückkopplung.* Im sozialen Zusammenhang geht es um die Rückmeldung zum Verhalten anderer. Es ist ein Abgleich zwischen Selbstbild und Fremdbild, das besonders für darstellende Künstler bedeutsam ist. Ein darstellender Künstler möchte wissen, wie er auf der Bühne gewirkt hat, welches Bild er vermittelt. Wenn ein Schauspieler fragt: »Was sagt du zu meinem Auftritt eben? Wie hat mein Monolog auf dich gewirkt?«, bittet er um Feedback. Grundsätzlich kann Feedback sowohl positive Aspekte (Lob) als auch negative Rückmeldungen (Kritik) umfassen. Gerade bei Letzteren besteht die Gefahr, schnell in die Fallen des Anschuldigens, Schuldzuweisens, Bloßstellens, Beleidigens oder Beschimpfens zu geraten. Das kann verständlicherweise negative Emotionen beim Empfänger auslösen, er wird sich vermutlich gegen alles sperren und innerlich blockieren, auch wenn der Inhalt der Botschaft vielleicht gerechtfertigt ist.

Die innere Grundhaltung

Grundlage für ein gutes Feedback ist die innere Haltung, dem anderen eine Hilfe zu bieten, konstruktiv und präzise Kritik zu üben, positiv zu ermuntern und zu motivieren, kreative Ideen

---

* Siehe Paul Watzlawick/Janet H. Beavin/Don D. Jackson: *Menschliche Kommunikation. Formen, Störungen, Paradoxien*, a. a. O., S. 35 f.

zu entwickeln, die Fehlersuche zu erleichtern, die persönlichen Lernprozesse zu fördern und zu neuen Sichtweisen einzuladen.

Es geht *nicht* darum, sich selbst darzustellen und das eigene Wissen zu präsentieren und auch nicht um eine psychologische Interpretation der Sache (»Es liegt an deinem Vater und deiner Kindheit.«), um Bewertung und Zurechtweisung. Feedback ist eine konstruktive Methode, die auf Lösungen und die Zukunft ausgerichtet ist.

Dabei befinden wir uns jederzeit im Bewusstsein, dass unsere Sichtweise nicht das Maß der Dinge sein muss. Und das bedeutet natürlich auch: Es ist völlig in Ordnung, wenn der Feedback-Empfänger das Gesagte für sich nicht annehmen will!

Auch wenn nicht jede Feedback-Situation im Theater derart gehandhabt werden kann (z. B. will ein Regisseur sein Feedback gerne umgesetzt sehen), hilft es dennoch, sich auch in Kritikgesprächen an einige Regeln zu halten. Aus psychologischer Sicht helfen sie, die schwierigen emotionalen Klippen einer negativen Kritik leichter zu umschiffen.

Feedback-Regeln

Wer sich an folgende Feedback-Regeln hält, wird auf der sicheren Seite der Wertschätzung bleiben. Als praktischer Leitfaden empfiehlt sich die WWW-Formel:

1. Wertfreie Wahrnehmung – wahrnehmbare Verhaltensweisen beschreiben: Damit wir überhaupt wissen, worüber wir sprechen, gilt es in einem ersten Schritt eine möglichst objektive Basis zu schaffen. Das ist nur machbar, wenn ich versuche, möglichst wertfrei das für alle wahrnehmbare Verhalten zu benennen. Beispielsweise: »Sie hat in der zweiten Szene zweimal einen Hänger gehabt«; »Er hat im dritten Akt das Lichtsignal in der zweiten Szene zu früh gegeben«.

Das äußerlich wahrnehmbare Verhalten einer Person ist das Einzige, das ich beschreiben kann, ohne in Interpretationen oder

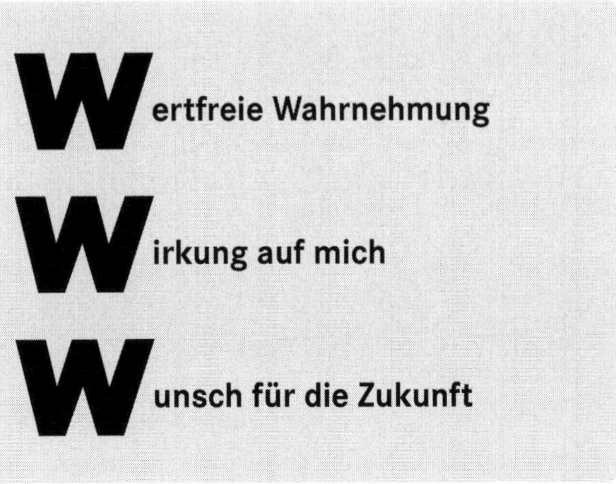

Feedback geben mit der WWW-Formel

Wertungen zu geraten. Sobald ich interpretiere oder werte (»Sie hat ihren Text nicht gelernt«; »Er ist unzuverlässig und unkonzentriert beim Arbeiten«), beschreibe ich eine Wahrnehmung aus meiner Weltsicht heraus. Denn ich weiß nicht hundertprozentig, ob meine Interpretation oder Wertung der Sicht des anderen entspricht, und mein Gegenüber fühlt sich zu Recht »bewertet« und nicht aus seiner Perspektive verstanden.

Bleibe ich wertfrei und dabei möglichst konkret, schaffe ich eine weitgehend sachliche Diskussionsgrundlage, die beide Seiten akzeptieren können (»Ja, ich bin gestern dreißig Minuten nach der angesetzten Zeit zur Probe gekommen.«). Dann lässt sich leichter in einem zweiten Schritt über deren emotionale Auswirkungen sprechen.

2. *Wirkung auf mich – meine Sichtweise auf die Welt:* In einem zweiten Schritt geht es nun darum, zu beschreiben, wie dieses beobachtete wertfreie Verhalten auf mich gewirkt hat. Hier darf ich emotional werden, von meiner Enttäuschung sprechen oder

Wut ausdrücken, solange ich sie als meine eigene subjektive Sicht kennzeichne.

Dazu dienen die sogenannten Ich-Botschaften. Wenn ich alles aus meiner Sicht formuliere: »Ich empfinde ...«; »Für mich ist es ...«; »Mir tut das nicht gut ...«; »Ich fühle ...«, dann bleibe ich bei mir und baue die Brücke von meiner Seite. Während die entgegengesetzten Du-Botschaften anschuldigend und bewertend wirken und der Empfänger, der sich ungerechtfertigt beschuldigt fühlt, zur Gegenwehr rüstet, wirken die Ich-Botschaften, auch wenn sie noch so emotional sind, eher beschreibend und erklärend. Der Empfänger bekommt Informationen, wie es auf meiner Seite aussieht und was da auf ihn zukommt. Gleichzeitig lasse ich ihm die Möglichkeit, seine Sichtweise zu zeigen und möglicherweise korrigierend einzugreifen, ohne dass er sein Gesicht verliert. »Du bist unzuverlässig« hat eine andere Wirkung als »Ich fühle mich von dir hängengelassen«.

3. Wunsch (oder Empfehlung) für die Zukunft: Die Formulierung meines Wunsches an den Feedback-Nehmer muss sich auf die Zukunft beziehen. Vergangenes lässt sich nicht mehr ändern, der Lerneffekt kann nur auf die Zukunft gerichtet sein. Wenn ich mich über die Vergangenheit gräme, ist es letztlich Zeit- und Lebensverschwendung. Das, was zählt, ist, aus dem Vergangenen zu lernen oder eben das beizubehalten, was gut war. Bei positivem Feedback ist die Empfehlung entsprechend: »Mach weiter so!«

Augenöffner auch in schwierigen Situationen

Diese Feedback-Regeln sind ein wunderbarer Leitfaden auch in emotional angespannten Situationen, oder wenn man selbst das Gefühl hat, durch gut gemeinte Ratschläge unangenehm berührt worden zu sein. Wer dann Ruhe bewahrt und beschreibend in der Ich-Form erläutert, was das Gesagte bei ihm ausgelöst hat, wird auf weniger Gegenwehr stoßen.

Oftmals stellt man dann erstaunt fest, dass die anderen, die man im inneren Selbstgespräch bereits zu »Feinden« hochstilisiert hatte, völlig betroffen auf die Aussagen reagieren und sich entschuldigen, weil sie sich der Wirkung ihrer Worte nicht bewusst waren. Meist möchten Sie beim nächsten Mal sogar auf ihr Verhalten hingewiesen werden.

Eine Inspizientin beschrieb in einem Seminar einigen Chormitgliedern ihre Situation: »Mein Pult ist offen und ausgestellt. Ich muss hochkonzentriert sehr viele Ansagen machen und schauen, dass alles reibungslos verläuft. Wenn ihr neben mir steht und mich ansprecht oder auch nur laut sprecht, kann ich manchmal die Kommentare von den Technikern über meine Kopfhörer nicht verstehen und bekomme Stress, dass ich etwas verpasse oder die Produktion an die Wand fahre. Deswegen bin ich oft ungehalten.«

Die Sänger und Sängerinnen reagierten betroffen, weil sie sich dessen nicht bewusst waren, und sahen ein, dass der Chor mehr Zurückhaltung üben müsse. Hätte die Inspizientin nur vorwurfsvoll gesagt: »Könnt ihr bitte ruhig sein. Ich will mich konzentrieren. So kann ich nicht arbeiten!«, wäre sofort Widerstand aufgekommen, weil sich die Chormitglieder bevormundet gefühlt hätten. Durch ihre Beschreibung aus ihrer Sicht konnte die Inspizientin ihnen aufzeigen, wie sich das Verhalten des Chores auf sie und ihre Arbeit auswirkt. Die Chormitglieder zeigten Verständnis und waren motiviert, ihre Kollegin zu unterstützen. Ein nachhaltiger Effekt.

ÜBUNG:

Wenn das nächste Mal ein Kritikgespräch ansteht oder Sie jemandem ein Feedback geben wollen, das diese Person hören möchte, bereiten Sie sich bewusst vor. Vereinbaren Sie – wenn es möglich ist – einen Termin, wählen Sie einen ruhigen Ort aus und überlegen Sie sich Ihre Argumente anhand der Feedback-

Regeln. Achten Sie besonders darauf, den ersten Schritt und den zweiten Schritt klar zu trennen. Zunächst: Was sind die Fakten? Um was geht es? Was ist konkret passiert? (Als Neutralitätstest stellen Sie sich die Frage: Könnte jeder meiner Beschreibung zustimmen?) Danach: Welche Gefühle hat das Verhalten in Ihnen ausgelöst? Auf welche Ihrer Bedürfnisse machen diese Gefühle aufmerksam? Benennen Sie diese. Erst dann überlegen Sie sich, wie Ihr Wunsch an Ihr Gegenüber aussieht.

Die Kommunikationsbrücke: Die Empfänger-Seite

Auch beim »Empfangen« von Botschaften gibt es einiges zu beachten. Als Empfänger steht man manchmal vor Herausforderungen. Gerade Kritikäußerungen, die auch noch wenig einfühlsam vorgebracht werden, können schnell dazu führen, dass wir innerlich blockieren, auf die Barrikaden gehen oder die Ohren verschließen. Schnell laufen wir Gefahr, den wertvollen Hinweis in einer schlecht vorgebrachten Kritik nicht zu erkennen oder einfach nicht zu verstehen. Und oft war die Kritik nicht nur »schlecht« vorgebracht, sondern es war von vorneherein keine Kritik. Je nachdem, was wir innerlich erwarten und wie wir die andere Person einschätzen, hören wir Vorwürfe, wo nur sachliche Informationen gemeint waren. Wir reagieren auf unsere inneren Gedanken und Vorstellungen. Wie der Kommunikationsforscher Friedemann Schulz von Thun schreibt: »Erst mit der Zeit bin ich dahintergekommen, dass ich oft gar nicht auf andere Menschen reagiere, sondern auf die Phantasien, die ich mir von ihnen mache: ›Er sieht müde aus, ich sollte ihn jetzt nicht mit Problemen belasten.‹ – ›Ich werde sie nicht antelefonieren, bestimmt würde sie sich belästigt fühlen.‹«* Wir sollten

---

* Friedemann Schulz von Thun: *Miteinander reden: 1. Störungen und Klärungen*, a. a. O., S. 75.

uns daher mit einer wichtigen Fertigkeit auseinandersetzen, die in unserem lauten, redereichen Alltag oft zu kurz kommt: dem unvoreingenommenen Zuhören.

Die Kunst des Zuhörens

Kaum eine Fähigkeit wird so unterschätzt wie das *Zuhören*, das über das Hören hinausgeht. Voraussetzung für aktives Zuhören ist die Fähigkeit zu schweigen. Wie schwierig das ist, können Sie an einem kleinen Experiment erproben: Gehen Sie mit einer Freundin zehn Minuten schweigend durch den Wald spazieren. Beobachten Sie sich in diesen zehn Minuten.

Erfahrungsgemäß plappert unser Geist munter darauflos und springt von der Gegenwart in die Vergangenheit, von da aus in die Zukunft und wieder in die Gegenwart oder umgekehrt. Wir sind zwar äußerlich ruhig, doch im Innern arbeitet unser Gehirn, und es entstehen ständig neue Gedanken: ›Oh, ein Vogel. Mensch, ist mir warm. Soll ich den Pullover ausziehen? Habe ich eigentlich die Haustür abgeschlossen? Wollte mich die Regieassistentin nicht noch anrufen? Ich muss nachher unbedingt noch den Monolog lernen. Oh, das Laufen tut mir jetzt gut. Schön, hier zu sein. Die Stille beruhigt mich. Ich muss nicht reden, kann meine Stimme schonen. Interessant, was es mit mir macht. Das muss ich gleich erzählen. Sind die zehn Minuten eigentlich schon um?‹

Die wenigste Zeit sind wir wirklich mit dem beschäftigt, was in dem Augenblick vorhanden ist. In diesem Fall sind es die Natur und die Geräusche um uns herum: der steinige Weg, die welken Blätter auf dem Boden, das Knirschen der Äste, das Rascheln der Kleidung bei jeder Bewegung, der Gesang der Vögel, das Knacken im Unterholz. Was könnten wir in diesem Moment noch wahrnehmen? Wir könnten unseren Körper, die Bewegung der Beine, den kühlen Wind an der Stirn, die Unruhe in uns oder die tiefe Entspannung im Bauch spüren.

In unserer eigenen Gedankenwelt gefangen, fehlt uns oft die geistige Ruhe oder die Kapazität, den Blick auf das zu richten, was da ist – mit allen Sinnen wahrzunehmen und *zuzuhören*.

Diese Qualität des aktiven Zuhörens kann man nicht hoch genug halten. Gerade im Theaterbetrieb scheint in vielen Besprechungen ein Kampf der Sprechenden oder des Sprechanteils stattzufinden. Als müsste man mit Worten das Terrain markieren.

Bei einem Seminar mit Chormitgliedern eines Theaters konnte ich Folgendes beobachten: Zu Beginn war ein Ungleichgewicht spürbar: Einige Personen preschten mit gewaltigen Wortbeiträgen vor, während andere sich zurückhielten und gar nichts sagten. Die Sprechenden wurden später von den Ruhigen als aggressiv wahrgenommen, worauf diese antworteten: »Das habe ich aber so gar nicht gemeint.« – »Doch! Denn du hast gesagt …« – »Dann sag du doch etwas.« – »Du lässt mich ja nicht zu Wort kommen!«

Um diese verbalen Kämpfe aufzuweichen und zu einer wertschätzenderen Kommunikation zu gelangen, war es wichtig, dass beide Seiten einander besser zuhörten und auch jeder die Möglichkeit bekam, sich zu äußern.

Die dominanteren Sprechfreudigeren nahmen sich zurück und gaben auf diese Weise den ruhigeren Personen (bzw. den Menschen, die mehr Zeit benötigen, um ihre Gedanken in Worte zu fassen), den Raum, Ihre Interessen kundzutun.

Oft hatten die eher ruhigeren Menschen einen erstaunlich scharfen Durchblick und brachten wertvolle Verbesserungsvorschläge vor. Schließlich erkannten sie durch wertschätzendes Zuhören auch die tieferen Bedürfnisse der dominanteren Sprechfreudigeren, die sie anfangs nicht gesehen hatten, weil sie ihre Kollegen zunächst augenrollend als nervig und selbstdarstellerisch abgetan hatten.

Weitere wichtige Voraussetzungen für gutes Zuhören sind also

Respekt voreinander und Raum geben. Sind diese Voraussetzungen gegeben, hat der Sender das Gefühl, wahr- und ernst genommen zu werden und ist damit auch offener für das Gesagte des Empfängers.

Im Chor konnte dadurch wieder ein Gleichgewicht hergestellt werden, bei dem sich jeder »gehört« fühlte und sich gleichzeitig etwas zu sagen traute.

Gutes Zuhören vermittelt Wertschätzung und Aufmerksamkeit und schafft auf diese Weise einen Raum des Vertrauens, in dem offene Kommunikation überhaupt erst möglich ist.

Aktives Zuhören oder andere verstehen

Wie lässt sich aktives Zuhören, das eine offene, respektvolle und empathische Haltung gegenüber meinem Gesprächspartner meint, erlernen? Die folgenden drei Schritte erläutern, worauf es dabei ankommt.

1. Schritt: Schweigen und ausreden lassen – in Ruhe zuhören

Der Kern des aktiven Zuhörens ist die Haltung, mit allen Sinnen, mit uneingeschränktem Interesse und absoluter Aufmerksamkeit bei meinem Gesprächspartner zu sein. Dies bedeutet: Schweigen, schweigen und nochmals schweigen und den anderen ausreden lassen. Wir schenken unserem Gegenüber unser Ohr, wir geben ihm Raum, damit er alles sagen kann, was ihm auf dem Herzen liegt, und versuchen, sein Anliegen zu erfassen.

Das hat den Vorteil, dass wir nicht gleich in automatische Reaktionen, Wertungen und Rechtfertigungen verfallen, denn oft entsteht der Impuls, sich zu verteidigen. Noch bevor der andere seinen möglicherweise kritischen Satz beendet hat, löst die Stressreaktion bei uns den Impuls aus, entweder in den Kampf zu treten und die »Vorwürfe« abzuwehren oder umgekehrt auf den Verteidigungsposten zu gehen und alles abzuwehren. Oft werten wir zu schnell, um ja nicht in unserer eigenen Position gefährdet zu werden oder uns selbst hinterfragen zu müssen: »Ach Blödsinn!«; »So ein Trottel!«; »Wenn er mich nicht versteht, ist das sein Problem«; »Augen auf bei der Berufswahl«.

In Ruhe zuhören ist die Grundlage, damit wir unsere kognitiven und emotionalen Potenziale gezielt abrufen können und die Stressreaktion uns nicht daran hindert. Das lässt sich in einfachen, weniger emotional aufgeladenen Kommunikationssituationen sehr gut üben.

2. Schritt: Verständnisfragen stellen

Ist etwas unverständlich für uns und benötigen wir weitere Informationen, sollten wir nachfragen. Allerdings sollten wir nur Verständnisfragen stellen, um die Position des anderen besser verstehen zu können und um ein klareres Bild der Situation aus seiner Sicht zu bekommen.

»Wenn du XY sagst, meinst du damit …?«

Dabei muss man sich nicht seltsam vorkommen. Erfahrungsgemäß wiederholen Menschen gerne ihr Anliegen oder erläutern Dinge ausführlicher. Sie fühlen sich durch Nachfragen sogar wertgeschätzt, da jemand Interesse bekundet und ihre Bedürfnisse verstehen will. Gleichzeitig können durch die Fragen auch Ungereimtheiten geklärt werden, ohne dass sich unser Gesprächspartner angegriffen fühlt.

3. Schritt: Perspektive wechseln und mit eigenen Worten wiederholen

Um sicherzugehen, dass wir wirklich alles »richtig« verstanden haben, fassen wir in eigenen Worten zusammen, was der andere gesagt hat und welche Gefühle wir wahrgenommen haben: »Ich verstehe, du bist wütend, weil dir die Änderung der Probezeiten zu spät mitgeteilt wurde und du das Gefühl hast, dass dies absichtlich geschehen ist.«

Auf diese Weise vermittelt man aktiv, was man verstanden hat, und das Gegenüber hat die Chance, korrigierend einzugreifen:

»Nein, absichtlich meine ich nicht, aber zu spät. Ich hatte große Schwierigkeiten, meine Kinder unterzubringen.«

Den Wert der Nachricht vor Augen halten

Eine Reaktion, ob positiv oder negativ, zu bekommen bedeutet: Uns wird das Fremdbild gespiegelt, das, was die Person, für die die Nachricht bestimmt war, aufgenommen hat. Diese Perspektive ist sehr wertvoll! Möglicherweise bin ich inhaltlich nicht der Meinung des anderen, doch schenkt mir das Gesagte einen Blick in die Gedankenwelt des anderen und anhand seiner Reaktion weiß ich, was ich bei dieser Person heute in dieser Situation ausgelöst habe.

In der Kommunikation gibt es kein richtig und falsch. Es geht darum, was beide Parteien erfasst haben. Erst wenn wir wissen, worum es geht, und *verstanden* haben, können wir überhaupt miteinander arbeiten und mögliche Konflikte lösen. Interessanterweise macht man die Erfahrung, dass sich Konflikte nahezu von selbst lösen, wenn wir erst einmal in die Perspektive der anderen Person eingetaucht sind und die Bedürfnisse und Hintergründe verstanden haben. Damit müssen wir nicht die Meinung teilen, doch durch das Verständnis der anderen Weltsicht ist es viel leichter, Gnade vor Recht ergehen zu lassen.

Von einer positiven Absicht ausgehen

Gehen Sie von einer positiven Absicht aus, wenn Ihnen jemand Feedback gibt. Auch wenn die eine oder andere Formulierung sehr unglücklich ausfällt. Hier gilt, wie im Strafrecht: Im Zweifel für den Angeklagten.

Selbst der aufbrausendste Dirigent strebt am Ende eine gelungene Aufführung an. Sicherlich liegt seine Motivation darin, selbst gut dazustehen, doch das kann er nur, wenn alle gut dastehen. Wirken seine Formulierungen nach einer missglückten Probe beleidigend und verletzend, kann es zunächst hilfreich sein, sich seine gute Absicht vor Augen zu halten.

Dies soll natürlich nicht davon abhalten, ihm nochmals im Nachgang, in ruhigerer Atmosphäre, ein Feedback über die Art und Weise seiner Kritikäußerung zu geben. Dabei ist es wichtig, zwischen absichtlich entwürdigender Kritik oder Aussagen, die »im Eifer des Gefechts« vorgebracht werden, zu unterscheiden.

Einfach nur Danke!

Feedback ist eine persönliche Meinung des anderen. Ein wertvoller Blick aus einer anderen Perspektive. Diese Ehrlichkeit sollten Sie belohnen. Auch sollten Sie sich nicht rechtfertigen, sich in irgendeiner Form erklären oder gar verteidigen, so verständlich dieser Impuls auch ist. Sobald mir jemand seine Meinung sagt und ich durch Rechtfertigungen kontere, die meist mit »Ja, aber …« beginnen, wird der andere sehr bald aufhören zu reden. Ich habe um eine Meinung gebeten, und wenn ich die ganze Zeit nur widerspreche, wirkt das auf den Feedbackgeber sehr demotivierend.

Wenn Sie um Feedback gebeten haben, sollten Sie, egal wie es ausfällt, sich dafür bedanken. Damit nehmen Sie nicht die inhaltliche Aussage an, sondern wertschätzen die andere Person für ihre Mühe, Ihnen seine Gedanken mitgeteilt zu haben. Denn oft kostet es Zeit, Mut und Geisteskraft, ein ehrliches Feedback zu geben, als einfach nur »Toll!« zu sagen. Am Ende bleibt Ihnen immer noch die Freiheit, der Auffassung zuzustimmen oder nicht.

Die wandelnde Kraft der Wertschätzung

Grundlage für eine gute Kommunikation ist ein Verständnis für die anderen. Um im Sinne der Kampfkunst-Philosophie oder des Win-win-Gedankens auch das Wohl des anderen achten zu können, ist die Haltung der Wertschätzung wesentlich. Wertschätzung bedeutet, sich anderen positiv zuzuwenden; ihre Meinung, Haltung, Motive und Bedürfnisse ernst zu nehmen; sich um ein wirkliches Verständnis zu bemühen. So können Lösungen entstehen, die für beide Seiten annehmbar und produktiv sind.

Jedes Gefühl ist erst einmal richtig

In einem Seminar erzählte eine Teilnehmerin: »Ich fühle mich auf der Bühne völlig ausgeliefert«, worauf eine andere plötzlich einwarf: »So ein Quatsch!«

Die erste Teilnehmerin zuckte zusammen und schwieg von da an.

Was war passiert: Die zweite Teilnehmerin unterstellte der ersten, dass ihr Gefühl falsch ist. Und zu Recht war die erste Teilnehmerin irritiert und verärgert. Denn wer kann sich herausnehmen, über die Gefühle anderer Menschen urteilen zu können? Wenn ich etwas empfinde – Trauer, Glück, Neid, Wut, Angst –, dann befinde ich mich in einem emotionalen Zustand, ob er gerechtfertigt ist oder nicht. Die Gefühle stimmen immer, sie sind für die jeweilige Person immer richtig. Woher sie kommen, aus welchen Werten, Haltungen, Denkweisen, Sichtarten, spielt zunächst keine Rolle, das kann danach hinterfragt werden. Um erfolgreich kommunizieren zu können, ist es wichtig, die emotionale Realität meines Gegenübers anzuerkennen und wertzuschätzen.

In einem zweiten Schritt kann ich versuchen, den Hintergrund zu erforschen, den Kontext oder auch die Ursache. Je mehr ich diese andere Sicht der Dinge realisiere und erfasse, desto leichter kann ich auch erkennen, wo Missverständnisse entstanden sind. Ich kann die andere Person besser verstehen, und wenn ich meine Gefühle offen darlege, kann sie mich besser verstehen.

Aus lösungsorientierter Sicht ist es nicht einmal notwendig, die Hintergründe zu erforschen. Da reicht es einfach, einen Weg für den weiteren Umgang miteinander zu finden und die Frage zu klären, was in Zukunft anders sein soll.

Wer hat angefangen?

»Heute sind aber auch alle schlecht drauf«, beschwerte sich ein Schauspieler bei einem Kollegen in der Kantine, als er kommentarlos und ohne jeglichen Blickkontakt seinen Salat von der Bedienung gereicht bekommen hatte. Was ihm nicht bewusst war, war seine eigene Wirkung auf die Servicekraft. Die vorherige Probe war abgebrochen worden, weil er sich weigerte, die Szene in einer bestimmten Art und Weise zu spielen, woraufhin der Regisseur mit dem Satz »So kann ich nicht arbeiten« die Probebühne verließ.

Beleidigt bestellte der Schauspieler in mürrischem Ton den Salat in der Kantine und würdigte die Bedienung mit keinem Blick. Die Servicekraft war derart genervt von seinem Verhalten, dass sie ihm den Salat kommentarlos vor die Nase pfefferte.

Wer hat angefangen?

Der wütende Regisseur, der dem Schauspieler durch seine Anweisung und sein Verhalten die Laune verdarb? Der beleidigte Schauspieler, der unfreundlich und ohne jeglichen Blickkontakt den Salat bei der Servicekraft bestellte? Die genervte Bedienung, die vielleicht schon vorher die schlechte Laune anderer zu spüren bekam? Gerne suchen wir die Schuld bei anderen, ohne zu hinterfragen, was und wie man selbst gesendet hat.

Wenn man sich über etwas oder jemanden aufregt, sollte man kurz zurückspulen, um zu schauen, inwiefern man selbst zu der misslichen Situation beigetragen hat.*

---

* Hier liegt Watzlawicks drittes metakommunikatives Axiom über die Interpunktion zugrunde. Es sei nur eine Frage der eigenen Definition, wo wir den Anfangspunkt des ewigen Kreislaufs aus Ursache und Wirkung setzen. Nach dem Motto: Wer hat eigentlich angefangen? Vgl. Paul Watzlawick/Janet H. Beavin/Don D. Jackson: *Menschliche Kommunikation. Formen, Störungen, Paradoxien*, a. a. O., S. 65–70.

Toleranz wachsen lassen

Wertschätzung beginnt mit Toleranz. Toleranz (lat. *tolerare*: »dulden, ertragen, zulassen«) hat eine große Spannbreite an Interpretationen. Für die einen ist es lediglich das reine Dulden einer anderen Überzeugung. Wenn ein Musiker sich eigenbrötlerisch absondert, lässt man ihn gewähren und ignoriert ihn weitgehend, findet sein Verhalten jedoch seltsam. Begreift man den Toleranz-Begriff etwas weiter, dann lebt man nebeneinander, in einer friedlichen Koexistenz. In diesem Fall akzeptiert man das Eigentümliche einfach, ohne sich weder positive noch negative Gedanken zu machen.

Eine wesentlich positivere Interpretation der Toleranz entsteht, wenn Respekt und die Suche nach wechselseitigem Verständnis füreinander dazukommen. In unserem Fall würde man versuchen zu verstehen, warum sich der Musiker absondert, und möglicherweise Wege finden, damit er sich in der Gruppe wohler fühlt. Auch wenn das Ergebnis danach ist, dass er Zeit für sich allein benötigt, wird ein anderes und besseres Gemeinschaftsgefühl entstehen, weil die Bedürfnisse des Musikers wahrgenommen wurden.

Wertschätzende Kommunikation bedeutet demnach mehr, als einfach zu akzeptieren, dass es andere Denkweisen gibt. Es geht nicht nur um das Dulden von anderen Verhaltensweisen, sondern um den aktiven Schritt, sie zu verstehen und über ein besseres Verständnis auch ein tieferes Gefühl der Verbindung herzustellen.*

Gerade in einem so vielseitigen Umfeld wie dem Theater mit den diversen künstlerischen Be- und Empfindlichkeiten ist es entscheidend, anderen Ansichten offen und aktiv zu begegnen. Insofern ist es interessant, bei uns selbst zu schauen, wann wir

* Marcus Düwell/Christoph Hübenthal/Micha H. Werner (Hg.): *Handbuch Ethik,* Stuttgart: J. B. Metzler Verlag 2006, S. 529–533.

welche Form der Toleranz an den Tag legen und wo wir noch mehr wertschätzende Toleranz entwickeln können.

Das Gute sehen *oder* Warum ist loben so schwer?

Loben ist eng mit Wertschätzung verbunden. Ein ehrliches Lob auszusprechen scheint immer noch große Überwindung zu kosten. Ein knappes »Gut« ist meist alles, was man im Probenalltag hört. Mit Kritik wird dagegen nicht gespart. Und das oft aus der fehlverstandenen Idee, dass ein Lob zum Ausruhen verleitet und die Motivation einschlafen lässt. Im Kritikgespräch werden meist die negativen Punkte, die im Vergleich nur etwa 20 Prozent ausmachen, herausgestellt. Dabei wäre es hilfreich, die Realität abzubilden – d. h. auch den restlichen 80 Prozent Raum zu geben. Loben ist nichts anderes als die Stärken zu benennen und den Blick für das Gutgehende und oft auch Herausragende zu fördern. Es ist die positive Form der selbsterfüllenden Prophezeiung. In praktischen Coaching-Seminaren wird der Blick konsequent auf das Positive und auf die Ressourcen gelenkt, mit beachtlichen Erfolgen. In diesem Sinne geht es weder um Lobhudelei, wie wir sie gerne bei Premierenfeiern vorfinden, sondern um ein stärkenorientiertes Coaching, damit der motivierende Mentor in uns eine lautere Stimme bekommt als der ewig tadelnde Kritiker.

Verantwortung für das eigene Handeln übernehmen

Ein Theaterbetrieb ist ein riesiges Kommunikationssystem, in dem jede Aktion (sowohl Handlung als auch Nichthandlung) eine Reaktionskette in die verschiedensten Richtungen auslöst, die wir oft vorher gar nicht abschätzen können. Trotz dieser vielschichtigen Verflechtung sind wir nicht ohnmächtig unserer Umwelt ausgeliefert. Wir müssen nicht einfach nur reagieren, sondern können die Reaktion bewusst gestalten und damit aktiv in den permanenten Kommunikationsprozess eingreifen. Der Schauspieler aus dem Beispiel oben hätte sich seiner Laune bewusst sein können und sie nicht als Grundlage für sein weiteres Handeln nehmen müssen. Mit einem Lächeln hätte er die Bedienung begrüßen und damit nicht nur seine Laune verbessern, sondern auch eine schöne Begegnung gestalten können. Natürlich ist dieses Umschalten in einer aufgeladenen Atmosphäre nicht leicht. Doch je mehr wir im Nachhinein diese »missglückten« Situationen und unser Verhalten reflektieren, desto mehr können wir aktiv gestalten.

Ich entscheide, wie ich auf »Angriffe« von außen reagiere. Dahinter steckt die Idee des Budo und der Selbstwirksamkeit. Unannehmlichkeiten oder sogar Angriffe kann ich nur bedingt beeinflussen. Wie ich allerdings auf sie reagiere, das liegt ganz in meiner Hand. Und sobald wir den Satz hören: »Dafür konnte ich nichts!«, sollten bei uns die Alarmglocken klingeln. Hier gibt jemand seine Macht über das eigene Handeln auf, an die Vorgesetzten, an die Umstände …

Kommunikation als tägliche Herausforderung

Wer sich einmal mit der Komplexität von Kommunikation auseinandergesetzt hat, weiß, wie schnell ein falsches Wort fallen oder ein Satz Missverständnisse hervorrufen kann. Es ist für uns alle eine große Herausforderung, unsere Gedanken, Gefühle und Bedürfnisse nicht nur zu kennen, sondern sie auch präzise verschiedensten Menschen mitzuteilen, die wiederum in ihren Welten leben. Es ist eine fast unlösbare Aufgabe und gleichzeitig ein bereichernder Weg zu neuen Erkenntnissen, eigenem Wachstum, neuen Horizonten und besserer Zusammenarbeit.

Anregungen, wie Sie die Inhalte dieses Kapitels für sich nutzen können:

... zum Thema ›Kommunikation allgemein‹:

- Nehmen Sie mit Neugier und Interesse Ihre Mitmenschen wahr. Fragen Sie sich: Was könnte jemanden dazu veranlassen, derart zu handeln? Warum handelt er so? Was treibt ihn an?
- Wenn Sie von gewissen Menschen genervt sind und sie womöglich innerlich zu Feinden hochstilisiert haben, versuchen Sie Ihre ersten Eindrücke und Wertungen zu überdenken und an einem grundsätzlich positiven Menschenbild festzuhalten.
- Machen Sie sich bewusst, dass Sie fehlbar sind, d. h. dass auch andere Menschen Sie missverstehen können. Wenn jemand auf Ihre Worte oder Handlungen heftig reagiert, versuchen Sie zunächst Ruhe zu bewahren (siehe »Ruhe: der Anker im Alltag« im Kapitel »Methoden zur Stressbewältigung« S. 95 sowie »Ruhe bewahren« im Kapitel 6, S. 174). Dann überlegen Sie kurz, was Sie gesagt oder getan haben und was die Person dabei missverstanden haben könnte. Sprechen Sie sie – wenn es gerade passt – darauf an oder suchen Sie im Nachhinein ein klärendes Gespräch.
- Nutzen Sie das Prinzip der selbsterfüllenden Prophezeiung zum Positiven: Sollten Sie sich dabei ertappen, dass Sie schlecht über jemanden oder über sich selbst denken, machen Sie sich die guten Seiten bewusst oder suchen Sie nach möglichen positiven Erklärungen. Versuchen Sie, eine positive Einstellung zu erlangen. Wenn Sie jetzt den Impuls haben zu sagen: »In meinem Fall geht das aber nicht. Es gibt da nichts Positives«, dann sind Sie gerade einer Ihrer eigenen selbsterfüllenden Prophezeiungen be-

gegnet. Diese können Sie ändern, indem Sie – wie oben beschrieben – versuchen, die guten Seiten zu sehen. Falls Sie allerdings in einer negativen Sackgasse stecken, bitten Sie nahestehende Kollegen oder Freunde um Feedback.

... zum Thema ›Körpersprache‹:

- Wenn Sie als darstellender Künstler arbeiten: Üben Sie – neben Ihrem regelmäßigen Stimm- und Gesangstraining – eine bewusste Bewegungskunst wie Tai-Chi, Yoga, eine Tanzform oder eine asiatische Kampfkunst. Bewusste Bewegung und der bewusste Einsatz des Körpers umfasst mehr als die Hälfte der Wirkung auf der Bühne.
- Beobachten Sie sich bewusst in Ihrem Alltag, wie und wann Sie Ihre Körpersprache einsetzen. Je genauer Sie sich kennen und im Alltag Situationen gestalten können, desto wirkungsvoller werden Sie auch auf der Bühne die feinen Details darstellen können.

... zum Thema ›Sender-Seite‹:

- Wenn Sie jemandem Feedback geben möchten, machen Sie es zeitnah. Gefühle und Erinnerungen an bestimmte Situationen sind noch präsent, und die Wahrscheinlichkeit, dass der Feedback-Nehmer in Zukunft etwas ändert, ist größer. Wenn der Zeitpunkt verpasst ist, ist es besser zu schweigen.
- Suchen Sie sich für ein »schwieriges« Gespräch einen Ort aus, an dem Sie ungestört sind.
- Spüren Sie im Alltag Kommunikationslöcher auf und wiederholen Sie sinnvolle Anweisungen mehrmals, besonders wenn es sich um Veränderungen im normalen Ablauf handelt, ohne natürlich zu einem Mikromanager zu werden, der niemandem mehr vertraut und nichts mehr abgibt. Eine gute Balance ist das Ziel.

- Achten Sie darauf, aktiv Informationen weiterzugeben, auch wenn Sie sich zu wiederholen scheinen.
- Achten Sie auf eine Sprache, die der Empfänger auch versteht, und auf einen Inhalt, der für ihn relevant ist. Beschreiben wir zu viel Unwesentliches, schalten die anderen ab und überhören das Wesentliche.
- Achten Sie bei Äußerungen von Aufforderungen oder Wünschen bewusst darauf, Begründungen anzubringen. Auch wenn sie persönlicher, intuitiver oder sonstiger Natur sind. Mit Begründungen beschreiben Sie Ihre Sicht der Welt und ermöglichen dem Gegenüber, Sie besser zu verstehen.
- Machen Sie sich stets bewusst, dass Sie beim Senden immer nur ihre persönliche Sicht auf die Dinge übermitteln. Nutzen Sie Ich-Botschaften, wo Sie können, sowie die WWW-Feedback-Formel! Der Empfänger fühlt sich so weniger überrannt und angegriffen. Auf diese Weise kann ein Dialog auf Augenhöhe gelingen.
- Achten Sie darauf, Person und Verhalten zu trennen und beziehen Sie Ihre Äußerungen lediglich auf das Verhalten. Als Kollegen haben wir kein Recht, jemanden in seiner Persönlichkeit, in seinem Wesen oder seiner Würde zu kritisieren. Das Verhalten, das uns tangiert und unsere Grenzen möglicherweise verletzt, jedoch schon.

… zum Thema ›Empfänger-Seite‹:

- Achten Sie in alltäglichen Gesprächen darauf, aktiv ruhig zu bleiben und der anderen Person zuzuhören. Atmen Sie vor dem Gespräch kurz durch, bringen Sie sich bewusst in den Modus »Zuhören«. Achten Sie während des Gesprächs darauf, nicht Ihren Stressimpulsen zu folgen, versuchen Sie ganz bewusst ruhig zu bleiben, nutzen Sie Ihren Atem als Anker. Versuchen Sie sich innerlich in eine interessierte

Haltung zu versetzen. Was ist das Spannende, Neuartige, Bereichernde in dem, was ich zu hören bekomme?

- Gehen Sie innerlich bewusst in die Haltung: Ich nehme mir Zeit, um zuzuhören. Wenn Sie äußerlich gehetzt wirken, werden Sie nicht das Gefühl vermitteln, wirklich zuzuhören. Stellen Sie sich zugewandt hin, schauen Sie in die Augen und hören Sie einfach zu. Oftmals geht es hier nur um eine halbe oder eine Minute, doch Ihre innere Offenheit und die körperliche Zugewandtheit verstärken den Eindruck beim Gegenüber, wirklich beachtet zu werden.
- Bleiben Sie natürlich, auch wenn Sie sich innerlich an den drei Schritten des aktiven Zuhörens entlanghangeln. Sie sollen eine Hilfe darstellen, doch entscheidender für ein gutes Gelingen ist ein authentisches Miteinander. Und wenn auch mal ein kommunikatives »Missgeschick« passiert: Solange Sie Ihre innere wertschätzende Haltung (wenn Sie sie denn auch wirklich so empfinden) einnehmen, werden Sie es leicht wieder ausräumen können.
- Bedanken Sie sich für jedes Feedback oder kommentieren Sie es wohlwollend und wertschätzend – immer wieder, auch in schwierigen Diskussionen: »Danke für das Feedback (für deine Meinung, deine Ideen, deine Sichtweise)«; »Das kann ich gut nachvollziehen«; »Das macht viel Sinn aus deiner Sicht, ich verstehe« o. Ä. Damit habe ich inhaltlich nichts übernommen und dennoch Wertschätzung für die Mühe ausgedrückt, die mein Feedbackgeber sich gemacht hat.

… zum Thema ›Wertschätzende Kommunikation‹:

- Wenn jemand ein Gefühl äußert, achten Sie darauf, dass Sie es akzeptieren und nicht abtun. Das Gefühl ist real, auch wenn die Ursache möglicherweise ungerechtfertigt ist. Beginnen Sie damit, das Gefühl ehrlich wertzuschätzen: »Ich kann gut verstehen, dass du wütend/enttäuscht … bist.« Die emotionale Brücke ist damit gebaut, nun lässt sich leichter über alle weiteren Anliegen und Störungen sprechen.

- Wenn Sie sich mit dem Loben schwertun, speichern Sie es für sich einfach als Feedback ab – nur eben als positive Rückmeldung. Die WWW-Formel funktioniert ebenso. Konzentrieren Sie sich vor allem auf den ersten Punkt: Wahrnehmung. Konkret beschreiben kann man auch, was gut war.
- Stellen Sie sich folgende Frage: Bin ich tolerant und wenn ja, wie macht sich meine Toleranz bemerkbar, wie vermittle ich sie im Arbeitsalltag? Möglicherweise tolerieren Sie nicht alle Kollegen auf die gleiche Art und Weise. Vielleicht dulden Sie die Eigenheiten des einen Kollegen nur, verdrehen aber innerlich die Augen. Die Ticks anderer Mitarbeiter ignorieren Sie einfach, und bei einigen ist es Ihnen wichtig, gezielt Rücksicht auf deren Bedürfnisse zu nehmen. Für die eigene Entwicklung, für das Ausbilden einer besseren Menschenkenntnis und für einen größeren Teamgeist ist es hilfreich, die eigene Toleranzfähigkeit auszubauen. Nehmen Sie sich deshalb eine Person vor, die Sie in ihrer Art seltsam finden, und versuchen Sie sie durch ehrliches Interesse genauer zu verstehen.

Noch mal zur Erinnerung: Versuchen Sie nicht, mehrere Dinge und gar alles auf einmal zu ändern. Nehmen Sie sich ein einziges Thema vor und nehmen Sie sich mehrere Wochen Zeit, um es umzusetzen, z. B. das Zuhören: Beobachten Sie zunächst, wie Sie zuhören und wie Sie auf Gehörtes reagieren. Wenden Sie nach und nach die drei Schritte an: Schweigen bzw. ausreden lassen – Verständnisfragen stellen – Wiederholen aus eigener Perspektive. Nehmen Sie wahr, was sich verändert, wenn Sie so kommunizieren.

Kapitel 6: Konfliktfähigkeit

Eine Bühnenbildnerin möchte ein freistehendes Podest, aber der Techniker pocht auf eine gefahrlosere Brüstung; die Kostümbildnerin möchte aufwendige Kostüme anfertigen lassen, aber die Betriebsdirektorin zückt den Rotstift; der Dirigent verlangt eine Interpretation, die dem Solisten nicht gefällt; eine Regisseurin verlangt eine schnellere szenische Verwandlung, die der Inspizient nicht garantieren kann; Dienstpläne werden strikt vorgegeben und können persönliche Wünsche nicht berücksichtigen …

Konflikte sind in einem Kulturbetrieb an der Tagesordnung. Und das ist auch völlig normal! Eine Welt ohne Konflikte wäre nicht nur langweilig, sondern würde uns auch viele Möglichkeiten zum Wachsen und Entwickeln nehmen. Dennoch macht es Sinn, sich in einem konstruktiven Umgang mit Konflikten zu schulen, damit wir nicht in Konfliktschleifen hängenbleiben, sondern sie für uns nutzen können.

Grundsätzlich gilt es, Konflikte im Vorfeld, z. B. durch wertschätzende und klare Kommunikation, zu verhindern, jedoch sollte man beachten, dass sie für einen Entwicklungsprozess auch bereichernd sein und Kreativität freisetzen können.

Konfliktfähigkeit bedeutet, bewusst und konstruktiv mit Konflikten umzugehen. In diesem Kapitel lernen Sie, wie Sie Konflikten und brisanten Auseinandersetzungen bewusst und mutig begegnen und lösungsorientiert mit ihnen umgehen können. Ich möchte Ihnen zeigen, wie wertvoll die Emotionen sind, die aufkommen – jedoch nicht als Dramaverstärker, sondern als sinnvolle Wegweiser. Wer Konflikte zu verstehen lernt, kann wesentlich besser die Botschaften der anderen erkennen und damit auch pragmatischer und besonnener handeln.

Ziel ist es, Konflikte als etwas Natürliches und Positives zu sehen und ein selbstwirksames Selbststeuerungsmodell für einen guten Umgang mit ihnen zu entwickeln.

Konflikte als Chance

Wenn eine Bühnenbildnerin aus ästhetischen Gründen ihr freistehendes Podest haben will und es ärgerlich einfordert, während der Techniker sich aus Sicherheitsgründen weigert, es zu entfernen und dies trotzig kundtut, haben wir alle Zutaten für einen klassischen Konflikt. Ein Konflikt (lat.: *confligere* = zusammentreffen) entsteht, wenn zwei Parteien, Meinungen, Haltungen aufeinandertreffen, die gegeneinander gerichtet und (scheinbar) unvereinbar sind, die ein gemeinsames Konfliktfeld haben (z. B. das Geländer) und sich gegenseitig zu beeinflussen suchen. Erfahrungsgemäß sind auch meist negative Gefühle im Spiel.

Konflikte sind sehr häufig falsch- oder fehlverstandene Kommunikation. Viele Techniken aus der wertschätzenden Kommunikation lassen sich deshalb im Konfliktfall anwenden. Wenn Konflikte nicht gelöst oder in irgendeiner Form bearbeitet werden, können sie eskalieren; mehr Streitthemen werden eingebracht, objektive und subjektive Dinge werden vermischt, immer mehr Menschen werden Teil der Auseinandersetzung, im schlimmsten Fall wird sie mit Gewalt ausgetragen. Ab einer gewissen Stufe ist es nötig und wichtig, professionelle Hilfe in Anspruch zu nehmen. Mitunter sind die Fronten so festgefahren,

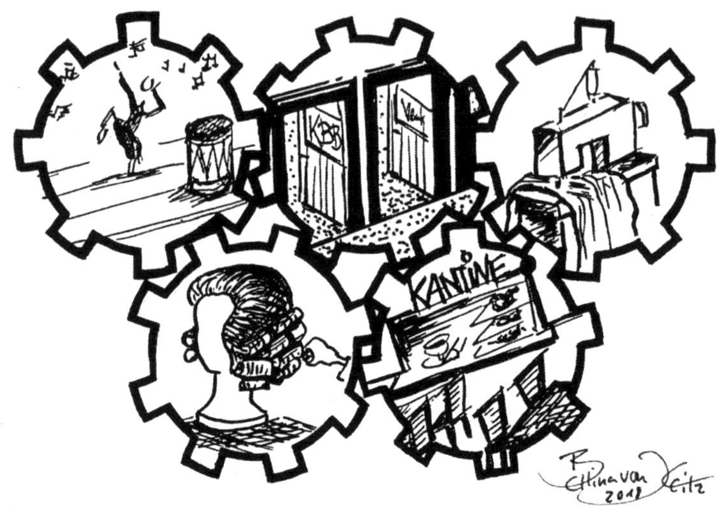

Olympische Verzahnung

dass eine Partei zum Gespräch nicht mehr bereit ist. In diesen Fällen bieten Streitschlichter und Mediatoren Beratung an.*

Die folgenden Ausführungen sollen aufzeigen, wie Sie bereits die Ansätze von Konflikten wahrnehmen und die vielen kleinen Missverständnisse, Zwistigkeiten und Reibereien aus dem Alltag räumen können, die schnell zu größeren Konflikten führen.

Konflikte sind im Theater strukturell vorprogrammiert

Konflikte lassen sich letztlich aus der Unterschiedlichkeit der Menschen ableiten. Diese Unterschiedlichkeit ist zunächst einmal großartig, denn sie bereichert. Was der eine nicht sieht, erkennt der andere. Ein Produkt, das bereits bei der Entwicklung von verschiedenen Seiten betrachtet wird, ist grundsätzlich er-

* Siehe dazu die neun Eskalationsstufen von Friedrich Glasl: *Selbsthilfe in Konflikten*, Bern: Haupt Verlag, 2015, S. 96–118.

folgreicher, da potenzielle Fehlerquellen bereits von vorneherein ausgeschlossen wurden. Inhomogene Teams sind also in der Regel erfolgreicher und produktiver – wenn sie sich nicht während der Produktionsphase in Konflikte verheddern.

Das Theater vereint Gewerke und Bereiche, die in ihrem Denken, Fühlen und Handeln nicht unterschiedlicher sein könnten und die auch organisatorisch und arbeitstechnisch unterschiedlich strukturiert sind. Alle Mitarbeiter besitzen diverse Fähigkeiten, die allesamt notwendig sind, damit vielschichtige Kunstwerke entstehen können. Leider führen diese unterschiedlichen Auffassungen und arbeitstechnischen Strukturen immer wieder zu Konflikten. Dazu kommt der enorme Zeitdruck. Tagtäglich ist der Theaterbetrieb vielen Reibungspunkten ausgesetzt.

Konflikte sind gut

Was sagen Sie zu folgender Behauptung: Konflikte sind gut.

Lassen Sie diesen Satz einmal auf sich wirken. Welche positiven Konsequenzen könnten Konflikte haben? Wann sind sie nützlich?

Im Allgemeinen möchten wir Konflikte vermeiden. Gerne umgehen oder verdrängen wir sie. Themen, die uns schwer im Magen liegen, gehen wir widerwillig oder gar nicht an. Warum ist das so? Oft sind große Emotionen im Spiel, die unberechenbar erscheinen und schwer vorhersehbar sind. Wir haben Angst vor der Reaktion der anderen, wissen nicht, wie wir damit umzugehen haben. Und: Jede Auseinandersetzung kostet Kraft, die wir nicht oder nur ungern einsetzen möchten.

Solange wir Konflikte von vorneherein als lästig, unangenehm und kräftezehrend empfinden, können wir die positiven Seiten, die sie mit sich bringen, nicht erkennen. Ändern wir also einmal die Betrachtungsweise: Konflikte sind Auseinandersetzungen, die uns Entwicklungsmöglichkeiten, Chancen für Verbesserungen und Klarheit, Raum für Kreativität und sogar wertvolle Beratung bieten:

– *Konflikte machen auf Probleme und unterschiedliche Sichtweisen aufmerksam.*

Ein Sänger kommt ständig zu spät zur Probe, was beim Regisseur Ärger auslöst. Aus der Analyse der Situation ergibt sich: Der Probenplan stellt sich als ungünstig heraus.

– *Konflikte erschaffen Neues – sie fördern Kreativität und Innovationen*

Eine Regisseurin verlangt etwas bisher Ungewohntes. Der technische Direktor antwortet, dass die Umsetzung nicht möglich ist. Aus der Auseinandersetzung heraus entsteht plötzlich eine neue Idee, eine dritte Möglichkeit. Neue innovative und kreative Lösungswege können durch Konflikte erarbeitet werden.

– *Konflikte klären, schweißen zusammen und vertiefen Beziehungen*

Konflikte klären Ansichten und Interessen von Personen. Spekulationen und Gerüchte werden dadurch verringert.

Nach einem ausgetragenen Konflikt hält man in der Regel stärker zusammen als vorher. Das gilt vor allem für Abteilungen oder Gruppen. Die Hilfsbereitschaft untereinander nimmt zu. Ausreichend aufgearbeitet, schweißen Konflikte auch einzelne Kollegen zusammen, Beziehungen werden vertieft.

– *Konflikte bewirken Veränderungen*

Wir sind Gewohnheitstiere. Um Dinge zu verändern, benötigen wir viel Motivation oder eben »Druck«. Wenn sich ein Konflikt anbahnt, baut er genau die Antriebskraft auf, die Veränderungen möglich macht, die sonst im Alltagsgeschäft untergehen. Der Konflikt löst den Willen und den Wagemut bei uns aus, Veränderungen zu schaffen.*

---

* Vgl. Joachim Simen: *Stresscoaching II: Konfliktbewältigung,* IST-Studieninstitut, Studienheft, Düsseldorf, 2015, S. 22 f.

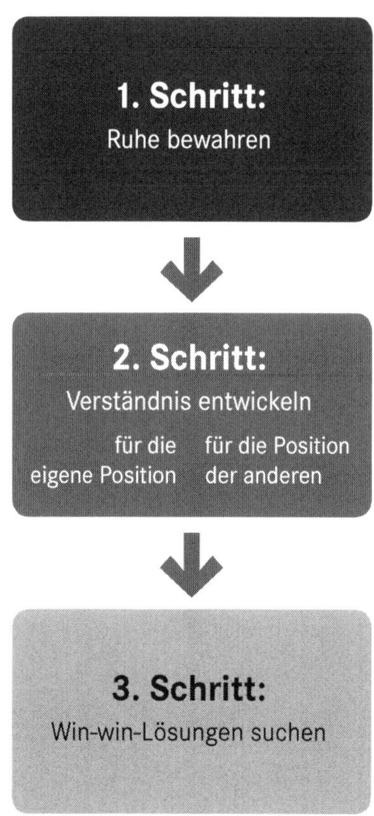

Drei Schritte zur Konfliktbewältigung – Strategien der Selbststeuerung

Konflikte sind normal und gehören zum Leben. Sie sind natürliche Reibungspunkte, an denen verschiedene Denkweisen, Normen, Haltungen und Gewohnheiten aufeinandertreffen. Nicht als Angriffe gewertet, tragen Sie dazu bei, den eigenen Horizont zu erweitern. Gleichzeitig sind sie Türöffner zu neuen Lösungen.

Aber, wie verhalte ich mich, wenn ein Streit aufkommt? Wie gehen wir am besten mit Konflikten um?

Hier hat sich eine einfache Strategie der Selbststeuerung in drei Schritten als praktikabel erwiesen:

1. Schritt: Ruhe bewahren

Der erste Schritt besteht aus der Aufgabe, »Ruhe zu bewahren«. Dieser Schritt ist die größte Herausforderung, wenn wir anderen Menschen in einer Konfliktsituation begegnen. Denn sobald ein negativer Reiz uns trifft, springt unser Alarmprogramm an und katapultiert uns in eine Stressreaktion (siehe Kapitel 3). Und im Alarmprogramm sind wir im schlimmsten Fall »kopflos«. Damit wir unserem biologischen Programm nicht heillos ausgeliefert sind, gilt es zunächst, diese Reaktion zu unterbinden oder abzumildern, damit wir weiterhin bewusst handeln und über unsere Fähigkeiten und unser Wissen verfügen zu können.

Dies bedeutet nicht, mögliche Gefahren oder Emotionen zu leugnen, wie wir im zweiten Schritt sehen werden. Sondern bewusst mit dem, was im Moment da ist, umzugehen. Dieser erste Schritt bereitet den zweiten vor, denn nur mit einem kühlen Kopf sind wir in der Lage, unsere ethischen und moralischen Gehirnregionen zu aktivieren und entsprechend zu handeln.

Ziel ist es, gelassen zu bleiben und Ruhe zu bewahren, damit wir unser komplettes Denkpotenzial (Kreativität, Logik und vernetztes Denken) auch abrufen können.

Stabiler Stand

Achten Sie in Stresssituationen auf eine aufrechte und entspannte Körperhaltung und einen festen Stand. Wenn der Körper muskulär arbeiten muss, um beispielsweise eine vornübergeneigte Stellung zu halten, ist er nicht entspannt. Wir verkrampfen uns körperlich, und das wirkt sich auch auf unsere innere Haltung aus. Oder umgekehrt, wenn die innere Anspannung zu groß wird, wirkt sich das auf unsere Körperhaltung aus. Ein stabiler Stand beruhigt nicht nur, Sie wirken auch über Ihre Körpersprache deeskalierend, gelassen und souverän.

ÜBUNG:

Stellen Sie sich aufrecht hin, Ihre Füße stehen schulterbreit und parallel fest auf dem Boden. Ihr Rücken ist gerade, Ihre Schultern sind entspannt. Ziehen Sie sich einerseits gefühlt am Scheitel in die Luft und stabilisieren Sie sich andererseits nach unten hin in den Boden. Bleiben Sie etwa eine Minute in dieser Position. Nehmen Sie Ihre Haltung wahr, indem Sie den Körper von den Füßen bis zum Scheitel innerlich durchgehen und die eigene Achse gegebenenfalls leicht korrigieren. Üben Sie die stabile Körperhaltung jeden Tag. Atmen Sie dabei tief ein und aus.

Körperausrichtung und -haltung

Mit einer unbedachten Körperhaltung können Sie vorhandene Konflikte schüren oder Dinge auslösen, die unnötig sind. Halb abgewendet, ohne Augenkontakt, fühlt sich Ihr Gegenüber nicht wahrgenommen. Ihre Körperhaltung verrät, wie Sie im wortwörtlichen Sinne zu Ihrem Gesprächspartner *stehen*.

Wenden Sie sich stets bewusst ihrem Gegenüber zu, halten Sie Blickkontakt und vermeiden Sie abweisende Gesten. Signalisieren Sie Offenheit.

Tempo verlangsamen

In stressigen Momenten neigen wir zu Nervosität, Hektik und schnellen unbewussten Handlungen. Doch solange wir oder die anderen im Stressprogramm sind, werden wir niemals so optimal handeln wie in einer etwas bedachteren Stimmung. Wer bewusst das Tempo drosselt, besonders im Kopf, gewinnt letztlich Zeit. Schauen Sie, ob Sie eine Pause einlegen, das Gespräch vertagen, um ein Glas Wasser bitten können; oder Sie sagen einfach: »Ich muss kurz überlegen.« Um die Aufregung anderer Personen zu drosseln, hilft es, sich ggf. hinzusetzen und folgende Sätze zu verwenden: »Bitte noch mal von vorne ...«; »Das habe ich noch nicht verstanden, erkläre es mir bitte nochmals ganz langsam ...« Erst wenn unser Kopf »kühl« ist, können wir auch bewusst handeln, ohne in Hektik zu verfallen.

Bewusst ausatmen

Wenn wir schnell wieder zur Ruhe kommen (oder ruhig bleiben) wollen, hilft uns der Atem beziehungsweise das Ausatmen. In Stresssituationen spannt sich unser Körper an, der Atem gerät regelrecht ins Stocken oder wir atmen sehr schnell und flach. Ein tiefes bewusstes Ausatmen in den Bauchraum bzw. ein tiefer Seufzer unterbrechen den Reizimpuls und lenken die Aufmerksamkeit auf Ruhe und Entspannung. Sie werden innerlich ruhiger. Bewusstes Ausatmen stabilisiert auch eine zittrige Stimme.

2. Schritt: Verständnis für die Situation entwickeln

Dieser zweite Schritt wird gerne übersprungen oder zu schnell abgehandelt. Dabei ist er der Knackpunkt für die Konfliktlösung. Wenn wir in einen Konflikt geraten, wissen oder spüren wir meist nur, dass irgendetwas nicht stimmt. Die Emotionen sind schneller als unser Verstand, und so spürt man einen Konflikt noch bevor wir eigentlich begreifen, was da vor sich geht. Nach der Aufgabe, die Ruhe zu bewahren, ist es nun wichtig, herauszufinden, um was es eigentlich geht – sowohl bei mir als auch bei den anderen.

Dieser zweite Schritt schafft aus einem Konfliktgraben eine Verständnisbrücke. Und wie beim realen Brückenbau sollte man:

1. überlegen und planen, 2. die Situation einschätzen und 3. mit handfesten Materialien bauen.

Zunächst gilt es, die Situation zu verstehen und einzuordnen – aus der eigenen Sicht und aus der Perspektive der anderen. Wo liegt der Ursprung des Konflikts? Hat er allein mit mir zu tun? Schwanke ich z. B. zwischen der Entscheidung, eine neue Stelle anzunehmen oder doch zu bleiben (intrapersoneller Konflikt)? Oder ist es ein Konflikt zwischen Personen (interpersoneller Konflikt); um welche Art von Konflikt handelt es sich? Eine Kollegin fühlt sich nicht in ihrem Können beachtet (Beziehungskonflikt); der Musiker findet die Interpretation des Dirigenten unmusikalisch (Sachkonflikt); ein Schauspieler beherrscht den Text nicht wie verabredet zur ersten Probe und wird wegen seiner Arbeitsauffassung gerügt (Wertekonflikt); jemand hat die eigenen Kompetenzen übertreten (Machtkonflikt); die Bühnenbildnerin fühlt sich wegen des geringen Budgets beleidigt (Verteilungskonflikt). Geht es um Konflikte zwischen Gruppen wie beispielsweise der Technik und der Kunst, oder gibt es grundsätzlich organisatorische Konflikte, d. h. Prozesse und Abläufe, die im ganzen Haus nicht reibungslos funktionieren.*

Das diffuse Gefühl bei sich und anderen wird in dieser Phase möglichst genau untersucht. Denn erst wenn klar wird, wo genau das Problem liegt, kann auch eine tragfähige Lösung gefunden werden. Ein Tipp: Es liegt selten im Augenscheinlichen. Bei der Suche nach dem eigentlichen Konflikt sollte man sich daher Zeit lassen und in Ruhe über die Dinge sprechen.

Ziel ist es, den Boden für die Begegnung zu bereiten. Da die Beziehungsebene in der Kommunikation so bedeutsam ist, ist es in dieser Phase wichtig, einen guten zwischenmenschlichen Kon-

* Vgl. dazu Claudia Harss/Daniela Liebich/Markus Michalka: *Konfliktmanagement für Führungskräfte,* München: Franz Vahlen, 2011.

takt herzustellen. In Japan spricht man von der »Bauch-Kunst« *(hara-gei),* der Fähigkeit, ohne Worte Verständnis füreinander zu entwickeln, die Gefühle des anderen zu erahnen: Der Bauch, in dem die Seele im Asiatischen sitzt, muss gut mit dem Bauch des Gegenübers harmonieren.

Indem wir in dieser Phase zunächst das genaue Verständnis für die beiden Positionen in den Vordergrund stellen, findet die inhaltliche Klärung und die zwischenmenschliche Vertrauensbildung statt, die Grundlage, um überhaupt in einen Prozess der Konfliktlösung einzusteigen.

Unsere Konstruktionen von Wirklichkeit

Eine große Erkenntnis auf dem Weg zur Konfliktlösung, die entspannend und erleichternd wirken kann, ist die Tatsache, dass beide Seiten – aus ihrer jeweiligen Sichtweise – recht haben. Wenn wir die Gedanken und Gefühle des anderen wahrnehmen und erkennen, warum er so handeln muss, ist seine Position meistens gut nachvollziehbar (auch wenn sie der eigenen völlig widerspricht).

Hinter dieser Denkweise steckt die Einstellung, dass alle Menschen in ihrem Verhalten einen sinnvollen Nutzen für sich sehen, sonst würden sie ja anders handeln. Selbst in von außen betrachtet selbstschädigendem Verhalten liegt – aus Sicht der handelnden Person – ein Sinn.* Ein Choreograph, der sich einmal mit dominantem und divenhaftem Verhalten durchsetzen konnte, wird weiterhin auf dieses Verhalten zurückgreifen. (»Nur so bin ich erfolgreich!«), obwohl er damit etliche Konflikte schürt.

Es gibt keine ausschließliche objektive Wirklichkeit, um die es in einem Konflikt geht, sondern um verschiedene Sichtweisen auf eine Situation, die man versucht, so weit in Übereinstimmung

---

* Watzlawick beschreibt, wie hartnäckig wir uns an vermeintlich einmal gefasste Vorstellungen von Wirklichkeit halten. In: Paul Watzlawick: *Wie wirklich ist Wirklichkeit?,* München: Piper, 2017, S. 58–66.

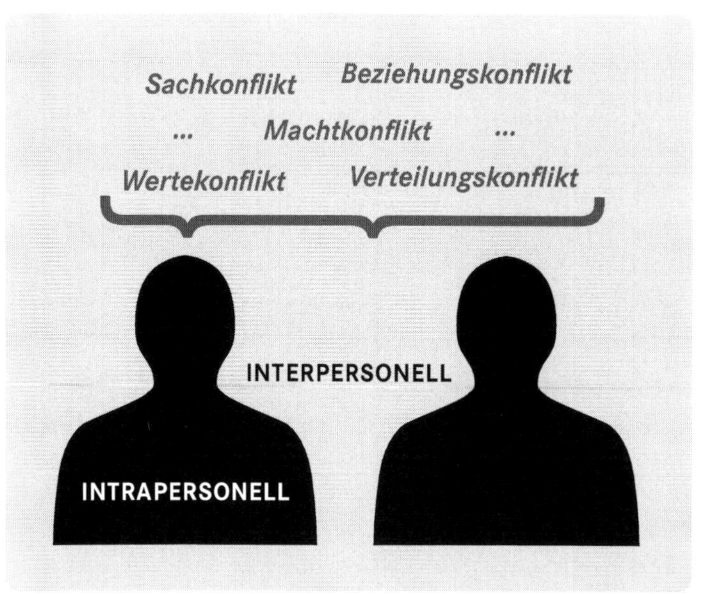

Neben intra- und interpersonellen Konflikten gibt es Gruppen- und Organisationskonflikte.

zu bringen, dass man gut neben- oder miteinander leben kann. Die Anwendung dieser Erkenntnis ist besonders in emotional aufgeheizten Konfliktsituationen schwierig, oft vergessen wir: Auch mein Gegenüber hat in seiner Denk- und Fühlweise recht. Daher ist in diesem zweiten Schritt ein Bewusstsein für die Macht und die Bedeutung unserer Emotionen wichtig.

Wichtige Wegweiser: Unsere Emotionen

Um sowohl uns selbst als auch das Verhalten der anderen in einer Konfliktsituation zu verstehen, müssen wir uns mit unseren Emotionen auseinandersetzen.

Konflikte wären nur halb so schlimm, wenn da nicht diese unguten Gefühle auf beiden Seiten wären. Gefühle, die uns verunsichern oder gar außer Kontrolle geraten können. Meist haben wir mehr Angst vor den Gefühlen, die ein Konflikt auslöst, als vor der eigentlichen Auseinandersetzung.

Denn: Wir haben wenig Erfahrung im Umgang mit Gefühlen, haben meist nicht gelernt, wie man mit ihnen konstruktiv umgeht, obwohl sie uns permanent begleiten. Fortwährend vermitteln wir unbewusst unsere Gefühle; unser Tonfall, unsere Wortwahl oder Körperhaltung machen deutlich, welche Einstellung wir zu jemandem haben, ob wir ihn respektieren und schätzen, genervt, skeptisch oder glücklich sind oder uns freuen, ihn zu sehen. Wir können gar nicht anders.

Jede Handlung ist mit einer Emotion verbunden. Unser Gefühl sagt uns, ob wir beispielswiese lieber Kaffee oder Tee mögen. Wenn wir nicht fühlen würden, was wir lieber mögen, würden wir kognitiv permanent zwischen den Vor- und Nachteilen der jeweiligen Option hin- und herspringen und zu keiner Entscheidung kommen.

Die enorme Herausforderung: Es gilt die Emotionen wahrzunehmen, ohne sich in ihnen zu verstricken, und sie gleichzeitig lesen zu lernen und ihre Botschaften zu verstehen.

Es ist wenig hilfreich, sich in eine Emotion hineinzusteigern oder sich darin zu »suhlen«, zum Beispiel wenn man Wut empfindet. Das ist nicht die Aufgabe, die in diesem Wegweiser »Wut« steckt, und das ist auch nicht, was unser Körper und unsere Seele mit dieser Emotion ausdrücken möchten.

Gerade negative Emotionen geben wertvolle Hinweise über die gerade stattfindende zwischenmenschliche Interaktion und auf das, was im Sozialen schiefläuft. Wut beispielsweise weist darauf hin, dass wir uns in irgendeiner Weise in unseren Rechten verletzt fühlen.

Schauen wir uns ein Beispiel an: Wenn ein Dirigent einer Chorsängerin vorwirft, sie habe falsch gesungen, können je nach Auffassung und Denkweise verschiedene Gefühle bei ihr auftreten:

A) Sie wird wütend: Denn sie ist sich sicher, nicht sie, sondern ihre Kollegin hat falsch gesungen. Sein Vorwurf ist unberechtigt. Sie fühlt sich verletzt und zu Unrecht beschuldigt.
B) Sie ist enttäuscht: Sie fühlt sich in ihrem Selbstwert verletzt, weil er ihr das zutraut, obwohl sie immer gut vorbereitet ist und stets ihr Bestes gibt.
C) Sie fühlt sich schuldig: Sie hatte kaum Zeit, das Stück vorzubereiten, und fühlt sich schlecht, weil der Dirigent durch ihren Fehler nicht vorankommt und nun umplanen muss.
D) Sie bekommt Angst: Sie fürchtet um ihren Arbeitsplatz aufgrund ihrer schlechten Leistung.
E) Sie schämt sich: Die anderen Chormitglieder haben die Kritik des Dirigenten mitbekommen.*
Oder: Sie bleibt ganz gelassen und merkt, dass der Dirigent heute nicht gut drauf ist...

Die Analyse möglicher Ursachen der entstandenen negativen Gefühle ist nicht nur aufschluss- und erkenntnisreich, sondern zeigt auch Lösungshinweise auf.

Emotionen akzeptieren

Oftmals geraten wir aufgrund der augenblicklichen Gefühlslage innerlich in einen Konflikt; der Verstand sagt: »Stell dich nicht so an. Es passiert doch nichts. Warum hast du Angst? Der kann dir doch nichts tun.« Bauch und Herz sprechen eine andere Sprache. Objektiv mag der Verstand recht haben, und nüchtern betrachtet mag alles nicht so schlimm sein. Doch das Gefühl der Angst lässt sich schlecht leugnen, es ist einfach da, auch wenn unser Geist uns noch so scharf zurechtweist.

Dieses Gefühl gilt es wahrzunehmen und anzuerkennen. Denn

---

* Vgl. Karen Reivich/Andrew Shatté: *The Resilience Factor*, New York: Three Rivers Press, 2003, S. 75.

sein Dasein hat einen Grund. Die Ursache für das Aufkommen liegt entweder in einer vorangegangenen Erfahrung oder in einem alten Muster oder spiegelt eine Sorge oder eine Interpretation wider.

Wir spüren Wut, die wir eigentlich nicht spüren möchten. Am liebsten würden wir sie verdrängen, doch sie schwelt weiter, wir können uns ihr nicht entziehen. Erst wenn wir sie mit Besonnenheit genauer betrachten und die Zusammenhänge erkennen – die Botschaft der Wut also wertschätzen –, wird sie sich auflösen, denn sie hat ihren Auftrag erfüllt.

ÜBUNG:

Beobachten Sie sich in einer alltäglichen Konfliktsituation oder analysieren Sie ein Konfliktgespräch, das noch sehr präsent ist. Betrachten Sie die Situation, ohne zu werten. Welche Gefühle konnten Sie bei sich selbst und bei Ihrem Gesprächspartner wahrnehmen? Akzeptieren Sie die Emotionen als real. Bringen Sie Ihren eigenen und den Gefühlen des anderen Wertschätzung entgegen. Beschreiben Sie Ihre Gefühle und schauen Sie, ob Sie deuten können, was Ihre Emotion ausgelöst haben könnte. Wie könnten Sie mit diesem Hinweis umgehen?

Empathie – die Kraft der Einfühlung

Bei einer Begegnung spielen nicht nur *meine* Denkweisen und Emotionen eine wichtige Rolle, sondern auch die meines Gegenübers und die Lesart, mit der ich sie interpretiere. Um unser Gegenüber mit seinen Bedürfnissen und Motiven besser zu verstehen, können wir uns eines wertvollen Werkzeugs bedienen: der *Empathie*. Die Fähigkeit und Bereitschaft, sich in die Einstellungen anderer Menschen einzufühlen, fördert das Verständnis und hilft unserem Gegenüber, Erfahrungen auszudrü-

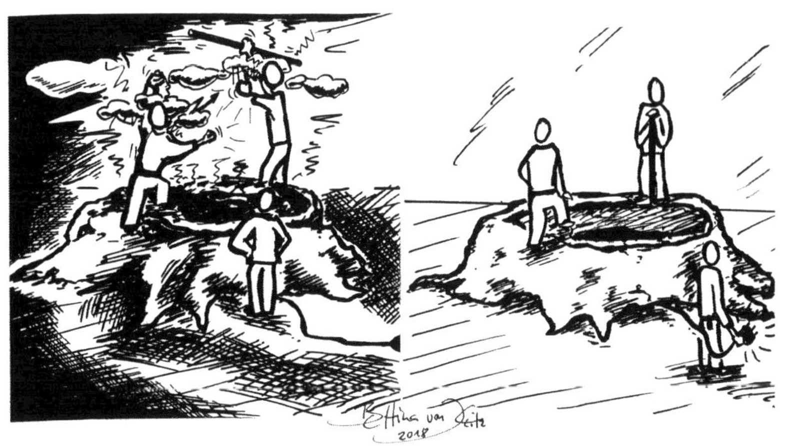

Konflikte in Ruhe betrachten; bei emotionaler Anspannung »den Stecker ziehen«

cken, die er sonst verschweigen würde. Denn je mehr ich über die Hintergründe für das Verhalten und die Verfassung meines Konfliktpartners weiß, desto leichter wird sich für beide Seiten eine passende Lösung ergeben.

Empathie ist ein Werkzeug, das wir täglich und vor allem im Theater anwenden. Das Einfühlungsvermögen ist die Grundlage der Theaterkunst und kommt uns auch in Konfliktsituationen zugute. Gleichgültig, ob wir jemanden mögen oder nicht.

Empathie darf nicht mit Sympathie verwechselt werden. Während Sympathie mit einem Gefühl des Mögens einhergeht, ist Empathie lediglich die Fähigkeit, sich in die Gefühlslage anderer Personen hineinzuversetzen – unabhängig davon, ob ich mit der Person sympathisiere oder ihr Verhalten gutheiße. Ich kann mich beispielsweise in die augenblickliche Gefühlslage eines angespannten Regisseurs hineinversetzen und mir vorstellen, wie es ihm gehen muss, wenn etliche Reize auf ihn einwirken und in der Folge Stressreaktionen bei ihm auslösen. Dennoch muss ich sein aufbrausendes Auftreten nicht gutheißen.

Warum also empathisch sein?

Einfühlung geht nicht von der sachlichen Realität aus, sondern von der emotionalen. Erfahrungsgemäß nützt es wenig, einem aufgebrachten Regisseur auf kognitiver Ebene sachlich beizubringen, warum sein Verhalten wenig zielführend ist. Mit der Einfühlung gehe ich auf die emotionale Ebene, die in einer konfliktreichen Situation oft die vorherrschende ist. Indem ich zunächst auf dieser Ebene in Kontakt gehe, beruhigend wirke und eine Beziehungsbrücke aufbaue, kann ich nach und nach auf die sachliche, kognitive Ebene wechseln und das Nötige klären.

Wenn wir in angespannten Momenten die Ruhe bewahren, Empathie bekunden und uns in die Lage des anderen einfühlen, bekommen wir wertvolle Hinweise, wie sich eine konfliktbehaftete Situation im weiteren Verlauf auf gute Art für beide Seiten lösen lässt. Hilfreich ist an dieser Stelle auch die Erinnerung an die Schulung einer wertfreien Wahrnehmung, wie sie ausführlich im Rahmen des Feedback-Prozesses oben im Kapitel über Kommunikation (S. 147) beschrieben wurde. Wenn wir es schaffen, erst einmal analytisch und möglichst wertfrei und unvoreingenommen auf die Situation zu schauen (Was passiert hier eigentlich?), lassen sich viele aufgeheizte emotionale Nebenschauplätze verhindern.

Und sollte sich innerlich bei Ihnen die Stimme regen: »So lass ich nicht mit mir umgehen!«; »Das zahle ich ihm heim!« etc., dann möchte ich nochmals auf das Budo verweisen: Die wahre Größe jedes Kampfkünstlers ist es, nicht durch Angriffe aus der eigenen Ruhe gebracht zu werden und zu einem Verhalten zu greifen, das nicht seinem ethischen Maßstab entspricht – gleichgültig, was die Welt ihm entgegensetzt.

Kritik als konstruktives Feedback

Gerade im Theater wird am laufenden Band kritisiert, als Künstler steht man fortwährend unter Beobachtung, da jede Handlung im Probenprozess und während der Vorstellungen beäugt und bewertet wird. Nehmen Sie es nicht persönlich. Das heißt: Nehmen Sie die sachliche Information heraus und verwenden Sie sie als konstruktive Kritik. Nutzen Sie sie als kostenlose Beratung. Gleichgültig, in welchem Ton, mit welcher vermeintlich verletzenden Absicht die Aussage getroffen wurde. Sieben Sie das Körnchen Wahrheit auch von eifersüchtigen Kollegen heraus und arbeiten Sie damit. Die Kritik hat nichts – ich betone es nochmals –, *nichts* mit Ihnen und Ihrer Person zu tun. Sie sind kein schlechter Künstler, nur weil etwas danebenging.

ÜBUNG:

Nehmen Sie alle Angriffe der anderen als Übungsfeld wahr, um sich selbst in der eigenen Haltung zu stärken. Gerade diejenigen, mit denen wir uns reiben, sind - wie es östliche Sprichworte gerne beschreiben - unsere größten Lehrer. In diesen Situationen können wir menschlich wachsen.

Selbstbewusst den eigenen Standpunkt wahren

Bei aller Suche nach Verständnis, behalten Sie Ihren Standpunkt im Blick. Sie können auf Ihrem Standpunkt beharren und ihn selbstbewusst vertreten und damit auch Ihr Wohl schützen. Dabei sollten Sie im Auge behalten, dass der andere am Ende Ihre Auffassung nicht zwingend übernehmen muss. Wir müssen nicht zusammenkommen, zumindest nicht auf inhaltlicher Ebene. Dennoch kann (und muss) ich mein Gegenüber auf menschlicher Ebene achten.

Versuchen Sie deshalb, inhaltliche oder sachliche Standpunkte vom Menschlichen trennen. Ich kann eine andere ästhetische Überzeugung haben und die Art der Interpretation der Arie nicht gutheißen, aber dennoch die Sängerin wertschätzen und als Künstlerin ernst nehmen. Achten Sie in jedem Gespräch darauf, dass sich der andere – auch wenn wir gegenteiliger Meinung sind – wohl und wertgeschätzt fühlt.

Humor

Viele Konflikte lassen sich von vorneherein vermeiden, wenn wir das Leben und uns selbst nicht zu ernst nehmen. Wenn mal etwas schiefläuft, sollten wir über uns selbst lachen können. Kein Leben hängt von einer gelungenen oder weniger gelungenen Darstellung ab, außer wir geben ihr diese dramatische, möglicherweise auch verbissene Bedeutung. Wenn wir bei aller Ernsthaftigkeit beim Arbeiten den Humor nicht vergessen, kann eine kreative Leichtigkeit entstehen, die uns lebensbejahende, bewegende und nachhaltige Erfahrungen schenkt.

Suchen Sie also in schwierigen Situationen die humorvolle Seite. Aber achten Sie darauf, nicht in Ironie oder Sarkasmus zu verfallen. Ein humorvoller Blick bleibt immer wertschätzend, ist nie verletzend und behält ein Augenzwinkern bei.

Vertrauen aufbauen

Konflikte lassen sich leichter lösen, wenn grundsätzlich eine vertrauensvolle Basis vorhanden ist. Wenn das Vertrauen fehlt, wird ein Kommentar schnell krumm genommen oder falsch aufgefasst. Der Sprung zum Negativen ist rascher, als dass wir uns einfach denken: Sie/Er hat heute einen schlechten Tag.

Allerdings ist Vertrauen eine sehr scheue, empfindsame Pflanze, die Zeit und viele Vertrauensbeweise braucht, um wachsen zu können. Hingegen kann Vertrauen sehr schnell verloren gehen. Es wieder zurückzugewinnen dauert sehr lange, und es braucht mühevolle Beweise, bis wir annähernd das ursprüngliche Vertrauensverhältnis erreicht haben. Bei schwerwiegenden Vertrauensbrüchen kann es auch für immer verloren sein.

Zwar lässt sich in Konfliktsituationen Vertrauen wieder herstellen, jedoch erfordert es viel Geduld und ein dickes Fell. Daher ist es umso wichtiger, Vertrauen in guten Zeiten aufzubauen und kleinere Missverständnisse mit Kollegen sofort aus der Welt zu schaffen, um den Konfliktfähigkeitsmuskel bei allen zu stärken. Wenn es dann zu einer schwerwiegenderen Auseinandersetzung kommt, ist genug Vertrauen und Übung im Umgang mit Konflikten vorhanden, sodass eine passende Lösung schnell gefunden werden kann.

Eines wird dabei gerne vergessen: Vertrauen aufbauen heißt, in Vorleistung gehen. Man kann Menschen stärken, aufbauen und fördern, wenn man ihnen von vorneherein Vertrauen (einen Vertrauens-Vorschuss) entgegenbringt. Natürlich kann es vorkommen, dass man vielleicht ein- oder zweimal enttäuscht wird.

Hier nochmals der Hinweis zum Budo und der inneren Haltung: Wie will ich durchs Leben gehen? Ich kann mich entscheiden: Will ich grundsätzlich misstrauisch sein, weil ich von einigen Menschen enttäuscht wurde, oder bleibe ich voller Vertrauen, weil viele Menschen mir dieses Vertrauen bestätigt haben, und die anderen einfach Ausnahmen waren.

3. Schritt: Win-win-Lösungen finden

Der dritte und letzte Schritt ergibt sich meist von selbst aus dem vorangegangenen. Solange wir den zweiten Schritt aktiv und genau bearbeiten, zeigt sich oft ein sehr spezifischer und neuartiger Weg zu einer Lösung, die man sich vorher noch nicht vorstellen konnte. Und obwohl sich der dritte Schritt von selbst ergibt, können wir auch diese Phase bewusst durch ein aktives Aufeinanderzugehen unterstützen.

Auf der Suche nach Lösungen sollten wir die sogenannte Win-win-Strategie im Blick haben. Sie zielt darauf ab, dass möglichst alle Parteien in einem Konflikt einen Vorteil bekommen, sprich zu »Gewinnern« werden. Die entscheidende Frage ist hier: Wie können alle Beteiligten gewinnen? Win-win-Lösungen lassen sich dann erarbeiten, wenn wir den Fokus auf die Interessen legen, also auf das, was wir erreichen wollen. Dabei gilt es zu beachten, welche Lösung für alle Parteien eine Verbesserung erzielen kann. Sie wird oft auch darin liegen, etwas völlig Neues zu entwickeln. Indem wir die Interessen aller im Auge behalten und danach gemeinsam Lösungen finden, werden wir konstruktiver und müssen viel weniger kämpfen. Am Ende ist auch die Motivation bei allen Kollegen, die diese Entscheidung mittragen, größer, weiter mitzudenken und das gesamte Potenzial auszuschöpfen.

Auch die Lösungen sind nachhaltiger und tragender, wenn sie *gemeinsam* entwickelt werden.

Das Wichtigste: Wertschätzung auf menschlicher Ebene

Auch wenn wir sachlich oder fachlich nicht zusammenkommen oder eine Anweisung aus rechtlichen, vertraglichen, ästhetischen oder Sicherheits-Gründen durchgesetzt werden *muss*, gibt es *immer* eine Win-win-Lösung auf menschlicher Ebene. Solange ich auf der Beziehungsebene für eine gute Stimmung sorge und erläutere, warum wir aus diesen oder jenen Gründen nicht zusammenkommen, wird es wenig Reibung geben. Manchmal lösen sich Konflikte auch von alleine. Jeder Mitarbeiter im Kunstbetrieb kennt das tägliche Chaos, das Umwerfen, Neusortieren und Spontane, das mit dem Produktionsprozess einhergeht.

Oft ist es die mangelnde Wertschätzung der Arbeit, die zu Konflikten führt. Daher ist jedes Lob, jeder Dank, jedes Kompliment oder jede Kaffeeeinladung etc. die eigentliche und immer funktionierende Win-win-Lösung zur Konfliktprävention, die den Arbeitsfluss in Gang hält und den Teamgeist fördert.

Geduld aufbringen für einen gemeinsamen Weg

Um in einer Konfliktsituation zu einer Win-win-Lösung zu gelangen, braucht es vor allem Geduld. Natürlich gibt es Situationen, in denen eine klare Ansage erforderlich ist. Doch gerade für grundlegendere Entscheidungen ist es wichtig, alle ins Boot zu holen und geduldig ein Thema zu überdenken und durchzudiskutieren. Auch wenn diese Zeit zunächst aufwendig erscheint: Investiere ich im Vorfeld, habe ich danach weniger Mühe, mit immer wieder aufkeimenden Konflikten umzugehen.

Offen sein für Neues

Während eines Konfliktgesprächs ist es wichtig, offen für neue Vorschläge und neue Wege zu sein. Eine konstruktive Konfliktlösung besteht nicht darin, dass ich den anderen derart lange mit meiner Meinung bombardiere und missionarisch meine Position vertrete, bis er sie am Ende entnervt annimmt. Es sollte nicht das Ziel sein, mein Gegenüber zu belehren, sondern es von einer Sache zu überzeugen. Und auch ich sollte offen für die Botschaft meines Gegenübers sein; auch ich kann von etwas überzeugt werden.

Gerade diese Offenheit und die hierfür notwendige Kreativität sind zentrale Stärken im Theater, die sich nun gezielt nutzen lassen. Wie es auch bei der Erarbeitung eines Textes, eines Bühnenbildes oder eines Kostüms nicht darum geht, sich mit einem Kompromiss zufriedenzugeben, so geht es auch bei Konflikten darum, für alle die optimale Lösung zu finden. Und dabei sollte man für neue Wege offen sein.

Kreativität aktivieren

Ein guter Weg, auf neue Gedanken und Ideen zu kommen, ist ein wildes Brainstorming, bei dem die Kreativität keine Grenzen kennt. Erfahrungsgemäß regt freies Assoziieren dazu an, aus den gewohnten Denkbahnen herauszukommen, es macht meistens viel Spaß und kann die Spannung aus einer aufgeladenen Situation nehmen.

ÜBUNG:

Verabreden Sie sich dazu, zehn Minuten aktiv alle Ideen zuzulassen, gleichgültig wie absurd, teuer, unmöglich und verrückt sie erscheinen mögen. In dieser Phase kommentiert niemand die aufkommenden Ideen, schon gar nicht negativ. Erst danach sortieren und hinterfragen Sie die gesammelten Ideen, entweder Sie entwickeln sie konstruktiv weiter oder Sie specken die grandiosen Einfälle ab.

Wandel als Tagesgeschäft anerkennen

Konflikte empfinden wir deshalb so unangenehm, weil sie in unserem Komfortbereich Störfaktoren darstellen. Wir sind Gewohnheitstiere, und wenn etwas plötzlich anders als gewohnt läuft – möge es noch so gut sein –, ist das erste Empfinden eher eine Unruhe, ein Gefühl des Gestörtseins.

Theaterbetriebe sind Orte voller Umbrüche, allein die regelmäßigen Wechsel in der künstlerischen Leitung bringen eine enorme Unruhe hinein. Obwohl Wechsel an der Tagesordnung sind, gibt es keine Kultur des Wandels. Diese Kultur des Wandels kann man aber gut bei sich selbst aktivieren.

Machen Sie sich bewusst, dass Ihre Arbeitsaufgabe im Theater – gleichgültig in welcher Position und in welchem Bereich Sie arbeiten – darin besteht, mit wandelnden Bedingungen flexibel umzugehen. Wenn etwas Fremdes und Ungewohntes auf Sie zukommt, gehen Sie mit der Haltung hinein: Das gehört zu meinem Beruf. Es ist – wenn man so will – normal.

Eine Frage der inneren Haltung

»Wenn mich jemand angreift, dann muss ich mich doch wehren? Das kann ich doch nicht auf mir sitzen lassen!«, sagte ein Teilnehmer in einem Seminar.

Wirklich? Konfliktfähigkeit ist im Kern eine Frage der *inneren Haltung*…

Den eigenen Maßstab setzen

Schauen wir uns nochmals die Ideen hinter den japanischen Kampfkünsten an. Bei einer Kampfkunst, die friedlich ausgerichtet ist, geht es nicht darum, sich in die endlose Eskalationsspirale ziehen zu lassen und einen Schlag mit einem anderen zu vergelten. Ziel ist es, die Eskalation zu durchbrechen. Und das geht nur, wenn ich bei mir beginne, wenn ich unabhängig von dem Verhalten anderer selbst bestimme, wie ich reagiere. Solange ich nur auf das Verhalten der anderen reagiere, ist das eine Form der Fremdbestimmung. Im Budo geht es darum, sich aus der automatisierten Fremdbestimmung der eigenen Muster zu lösen. Ich will jederzeit selbstbestimmt meinen Maßstab an mein Verhalten ansetzen. Letztlich will ich frei sein. Das heißt auch, dass es gleichgültig ist, ob jemand mich angreift oder nicht. Wenn mein Maßstab ist, mein und das Wohl der anderen zu schützen, dann muss das jederzeit gelten – gerade in einem Konflikt.

Positive, lösungsorientierte Grundeinstellung

Eng verbunden mit dem klaren inneren Verhaltensmaßstab ist auch die positive Grundeinstellung, dass es für jedes Problem eine Lösung gibt. Dies bedeutet weder naiv in einem übertriebenen positiven Denken zu verharren, noch Schwierigkeiten auszublenden. Ganz im Gegenteil, es geht darum, sich mit Offenheit dem Konflikt und Problem zu stellen und gleichzeitig überzeugt davon zu sein, dass genügend Kreativität, Ressourcen und Möglichkeiten vorhanden sind, um zu einer Lösung zu kommen.

Ist diese Grundeinstellung nicht vorhanden, brauche ich gar nicht erst in die Konfliktlösung zu gehen. Wenn ich nicht an die Lösung glaube, werde ich sie nicht finden. Denn die notwendige Kreativität kann sich erst entfalten, wenn wir unserem Geist eine Aufgabe geben. Und er ist sehr lösungswillig. Wir müssen uns nur selbst die Aufgabe stellen. Wenn wir unserem Geist die Möglichkeit geben, anders und neu zu denken, können plötzlich erstaunliche Resultate entstehen.

Klugheit walten lassen

Für den Umgang mit Konflikten gibt es kein Patentrezept, nur Orientierungshilfe. Letztendlich gilt es, die eigene Klugheit walten zu lassen und mit ihr das rechte Maß zu finden. Das rechte Maß ist keine feste Größe, sie wandelt sich je nach Situation, Gegenseite und emotionaler Stimmung. So kann es sein, dass wir in der einen Situation klarer durchgreifen müssen, um wieder in die Balance zu kommen, in einer anderen Situation jedoch zurückhaltender und feinfühliger reagieren müssen, um das Optimum herauszufinden. Wenn ich weiß, dass ein Ballettmeister gerade unter starkem Druck steht, weil er mitten in einer schwierigen Probenphase ist und einiges im Haus terminlich kollidiert, werde ich anders auf seinen scharfen Ton reagieren, als bei einer Ballettmeisterin, die täglich diesen Ton anschlägt.

Ein ewiger Prozess – Geduld und Gelassenheit

Konflikte sind alltäglich, und auch wenn wir einen Konflikt erfolgreich gelöst haben, der nächste kommt bestimmt. Konfliktfähigkeit und Konfliktlösung bedeuten nicht, dass wir plötzlich keine Konflikte mehr haben, sondern dass wir leichter und besser mit ihnen umgehen. Und durch ein kluges, vorausschauendes

Handeln möglicherweise den einen oder anderen frühzeitig abwenden können.

Und dennoch: Lösungen sind immer nur temporärer Natur. Nichts ist so beständig wie der Wandel, wie es so schön heißt. Allein ein neues Ensemblemitglied kann die vorher perfekt austarierte Gruppendynamik zum Kippen bringen.

Insofern könnte ein mögliches Fazit für dieses Kapitel lauten: Da wir im Leben fortwährend von Konflikt zu Konflikt schreiten, lassen Sie uns doch geduldiger und gelassener mit uns und anderen umgehen. Lassen Sie uns nicht nur als Künstler, sondern als Menschen die Herausforderungen des Lebens als einen Weg zur Meisterschaft des Selbst verstehen.

Anregungen, wie Sie die Inhalte dieses Kapitel für sich nutzen können:

... zum Thema ›Drei Schritte zur Konfliktlösung‹:

- Achten Sie in schwierigen Situationen bewusst auf Ihre Körperhaltung und Ihren Atem und konzentrieren Sie sich auf das Ausatmen (siehe Illustration auf S. 96).
- Nehmen Sie das Tempo heraus. Sobald Sie einen Reiz erleben, der Sie ansatzweise stresst, schauen Sie, dass Sie in Ihren Handlungen langsamer werden. Wenn ein aufgeregter Kollege auf Sie zukommt und auf Sie einredet, antworten Sie bewusst langsam und ruhig, möglicherweise sogar leiser als der andere, und nehmen Sie die aufgeladene Energie aus der Situation.
- Wenn Sie merken, dass Sie in Hektik geraten, verlangsamen Sie ganz bewusst Ihre Bewegungen, atmen Sie tief in den Bauch, bringen Sie Ihren Körper und Ihre Gedanken zur Ruhe.

- Achten Sie bei einer Auseinandersetzung darauf, ob Sie sich wirklich die Argumente der anderen Person anhören oder nur abwarten, bis Sie wieder an der Reihe sind, um Ihren Standpunkt darzulegen. Selbst wenn die Argumente Ihrer Meinung nach falsch sind, versetzen Sie sich dennoch in die Position des anderen; Sie können dadurch die Gedanken der anderen Person leichter nachvollziehen und im zweiten Schritt entweder einfacher ein überzeugendes Gegenargument finden oder seine Auffassung besser annehmen.
- Beginnen Sie zunächst damit, nochmals zu wiederholen, was Sie verstanden haben: »Was ich jetzt verstanden habe, ist …«; »Ist es richtig, dass du … meinst?« Dies signalisiert der anderen Partei, dass Sie zugehört haben, und ermöglicht ihr, eventuelle Korrekturen vorzunehmen. Gleichzeitig reflektieren Sie damit die Perspektive der anderen Person.
- Nehmen Sie etwas erst persönlich, wenn es Ihnen wirklich als persönlicher Affront kommuniziert wurde. Wenn es passt, können Sie kurz Feedback geben: »Ihr Verhalten ist bei mir … angekommen« oder »Oh, das könnte ich aber jetzt auch so verstehen …«.
- Vertrauen entsteht durch viele praktische Vertrauensbeweise wie Pünktlichkeit, Einhalten von Verabredungen und Absprachen und verbindliches Kontakthalten. Diese Verhaltensweisen sind im Theater mit den vielen unvorhersehbaren Ereignissen besonders schwierig umzusetzen. Daher ist eines besonders wichtig: fortwährende Kommunikation über Zusammenhänge, Hintergründe und Engpässe. Auch wenn noch keine Ergebnisse da sind, auch wenn sich ständig etwas ändert (alle kennen den Chaosbetrieb und sind ihm erfahrungsgemäß sehr wohlwollend aufgeschlossen). Fragen Sie, warum sich etwas geändert hat, warum wieder ein Bühnenteil weggefallen ist, was

das langfristige Ziel ist, warum kein Probenraum vorhanden ist und wozu das Treffen stattfinden soll; zeigen Sie Interesse und begründen Sie Ihre Fragen. Diese kurze Begründung ist der Hebel, der den anderen ermöglicht, sich in unsere Lage zu versetzen und damit auch mehr Verständnis aufzubringen.

- Zeigen Sie Geduld, auch wenn Sie jemand mal in Ihrem Vertrauen enttäuscht hat. Scheren Sie nicht alle über einen Kamm, differenzieren Sie.
- Vertrauensbildende Maßnahmen sind vor allem Gemeinschaftserlebnisse. Suchen Sie daher Möglichkeiten auf, in denen Sie mit anderen gute Erfahrungen auch jenseits des Arbeitens machen. Gehen Sie auf den Betriebsausflug oder zu Premierenfeiern, besuchen Sie interne Veranstaltungen oder Weiterbildungen, um andere Kollegen näher kennenzulernen, oder gehen Sie zusammen mit verschiedenen Leuten in der Pause Kaffee trinken oder Mittagessen; anstatt E-Mails zu schreiben, schauen Sie persönlich in der Verwaltung vorbei, um Anliegen zu klären etc.
- Zeigen Sie Wertschätzung, wo Sie können. Achten Sie auch hier darauf, dass die Gesten für den Empfänger auch als ehrlich gemeinte Wertschätzung ankommen. Während der eine öffentliche Anerkennung vor den Kollegen schätzt, ist für den anderen ein Lob unter vier Augen viel wirkungsvoller. Sobald Ihnen etwas Positives bei jemandem auffällt, sagen Sie es laut. Wir vergessen meist, die vielen positiven Eindrücke, die wir im Alltag wahrnehmen, auszusprechen. Auf diese Weise üben Sie sich zudem darin, das Gute zu sehen. Bedanken Sie sich auch bei den vielen Menschen, die nicht auf der Premierenfeier gelobt werden – im Idealfall persönlich. Manchmal ist ein wertschätzendes Verhalten auch ganz einfach: Grüßen Sie jeden, dem Sie im Haus begegnen.

… zum Thema ›Innere Haltung‹:

- Denken Sie an eine Konfliktsituation zurück. Aus welcher Haltung heraus haben Sie reagiert? War es eher »Wie du mir, so ich dir«? Haben Sie etwas persönlich genommen und sich beleidigt zurückgezogen? Sind Sie in offenen Austausch gegangen? Oder schwang ein Vorwurf mit?
- Sobald Sie Ihrer inneren Haltung in Konflikten auf der Spur sind, hinterfragen Sie sie. Möchten Sie auf diese Art handeln? Was möchten Sie ändern? An welcher Stelle?
- Überlegen Sie sich, welche der vielen Anregungen im Buch zu genau diesem Thema passen könnte und üben Sie sich darin drei bis vier Wochen. Danach halten Sie bewusst Rückschau. Nehmen Sie Veränderungen wahr? Wenn ja, was genau hat sich verändert? Sind Sie glücklich mit der Entwicklung oder eher nicht? Sollten Sie an dieser Stelle für sich nicht weiterkommen, bitten Sie Kollegen oder Freunde um Unterstützung oder holen Sie sich externen Rat bei einem Coach oder Therapeuten.
- Bleiben Sie geduldig mit sich selbst und verzeihen Sie sich, wenn etwas schiefläuft oder Ihnen nicht gelingt. Vermitteln Sie diese Haltung auch anderen.

Kapitel 7:

Meisterschaft des Selbst

Wir haben eine lange Reise hinter uns, die mit der Frage nach gesunden Strukturen im Theaterbetrieb begann, mit der Motivation zur Selbstwirksamkeit ihren Fortgang fand und über die faszinierenden Potenziale des Gehirns hin zu körperlichen, mentalen und organisatorischen Techniken zur Stressbewältigung und vielseitige Methoden und Hinweise, wie wir besser mit anderen kommunizieren und Konflikten souveräner und gelassener begegnen, verlief.

Nach diesen vielen Impulsen, praktischen Tipps und Übungen möchte ich Sie zum Abschluss dazu einladen, einen Schritt zurückzutreten, um auf alle bisherigen Inhalte noch einmal einen philosophischen Blick zu werfen.

Das künstlerische Talent schmieden

In den Jahren meiner Tätigkeit in der Theaterwelt bin ich immer wieder auf eine Grundhaltung gestoßen, in der eine der Wurzeln der von den Künstlern oft empfundenen Überforderung im künstlerischen Bereich liegt: der selbstgesetzte Anspruch, immer »genial« sein zu müssen.

Gerade in den letzten Jahrzehnten scheint sich eine Entwicklung abzuzeichnen, bei der Regeln, Abmachungen oder soziale Normen wie Höflichkeit, Rücksichtnahme, Besonnenheit, Teamgeist oder einfach das Einhalten der organisatorischen Abläufe vermeintlich »genialischen« Impulsen geopfert werden, die alles – selbst den Künstler – regieren.

Ein Regisseur, der privat völlig entspannt und unauffällig war, beschrieb in einem Seminar, wie er jedes Mal, wenn er ins Theater ging, die »herrische Diva spielte«, um ernst genommen zu werden. In einer Welt der zunehmenden medialen Selbstdarstellung scheint der Druck immer größer zu werden, als Künstler die eigene schöpferische Schaffenskraft möglichst auffällig (möglichst »genial«) zur Schau stellen zu müssen, auf und hinter der Bühne.

Sowohl für die Kollegen als auch den einzelnen Künstler kann diese Haltung eine große Stressquelle darstellen. Wer als Künstler mit dem inneren Anspruch lebt, permanent genial, also dem lateinischen Begriff des Genius (urspr. der Erzeuger) entsprechend originell und einzigartig zu sein und demzufolge so auftreten zu müssen, lebt unter einem zerstörerischen Druck, der oft zu Suchtmittelmissbrauch, bei zu langer Überlastung zu Schaffenskrisen oder im extremen Fall zu Suizid führt.

Die auf diese Art gedachte Genialität macht einsam. Ihre extreme Selbstbezogenheit trennt auf Dauer von der eigentlichen genialen Inspirationsquelle, die aus dem Wachsen und Lernen aneinander, den geteilten Erfahrungen im und durch das Leben besteht.

Entlastend und beflügelnd zugleich wäre entsprechend eine künstlerische Grundhaltung, bei der es darum geht, das eigene Wesen herauszuschälen, ohne sich selbst oder das Eigene zu überhöhen. Nicht etwas Neues zu erschaffen, sondern das Eigene zu sein – in dem Wissen, dass dies zwangsläufig neu und einzigartig ist. In dem Wissen aber auch, dass das Eigene zu leben bedeutet, gleichzeitig die Einzigartigkeit der anderen auf Augenhöhe anzuerkennen.

Die Idee des Genies bzw. der individuellen Genialität im Sinne einer »menschlichen Verwirklichung oder Selbstverwirklichung«*

hat dabei durchaus weiterhin ihre Berechtigung, doch eher im Sinne einer kontinuierlichen Entfaltung der Potenziale, die bereits im Kern angelegt sind, und dies auch allen anderen zuzugestehen oder sie sogar darin zu bestärken.

Das innewohnende Talent allein macht dann nicht das Genie, das ungeschliffen frei und ungehemmt ausgelebt wird. Das Geschenk der Begabung muss durch Pflege und Übung entwickelt und gestaltet werden – wie ein Handwerk, für das man zwar Talent haben sollte, doch das zudem viel Erfahrung und Mut, das eigene Ego und die vielen Ängste, selbstgemachten Grenzen und hinderlichen Muster (siehe die vorangegangenen Kapitel) zu überwinden, erfordert, bis man es zur Meisterschaft bringt.

Nichts darstellen zu müssen, sondern ganz man selbst in seiner inneren künstlerischen Bestimmung zu sein, entspannt ungemein, gibt inneren Halt und ist ein verlässlicher Wegweiser, gerade in stressigen Situationen.

Als Inspiration, wie sich eine solche Haltung über die »genialen« Anlagen hinaus zu einer authentischen künstlerischen Selbstverwirklichung entwickeln könnte, kann die traditionelle japanische Kunstdenkweise dienen.

Die japanische Tradition der Künste und des Kunsthandwerks

Die japanischen Künste sind aus der historischen Verflechtung aus dem Daoismus (auch Taoismus), dem Zen-Buddhismus und der Naturreligion des Shintoismus entstanden. Die Idee, dem Dào (»Weg«), dem universellen »Wirk- und Schöpfungsprinzip«**

---

* Vgl. Eintrag zu Genie in: *Brockhaus Literatur*, Leipzig/Mannheim: F. A. Brockhaus. 2004. S. 286 f.

** Vgl. https://de.wikipedia.org/wiki/Dao

zu folgen und im Einklang mit ihm zu leben, geht auf den Einfluss des chinesischen Daoismus zurück, während der Zen-Buddhismus die Geistesübung an sich in ihren strengen körperlichen Meditationsformen einführte. Ausgefeilte Rituale, die den Göttern in der Natur huldigen, stammen aus dem Shintoismus. In der Verbindung dieser vielseitigen Einflüsse entstanden unter anderem die japanischen Kunstwege wie die Teezeremonie, das Blumenstecken (Ikebana), die Kalligraphie, das Schwertschmieden, das Nō-Theater und im weniger künstlerischen Sinne auch die Kampfkünste wie Aikido. Es sind in ritualisierte Verhaltensweisen und Formen umgesetzte Geistesübungen, die als gezielte Reifungswege dienen, sich mit der universellen Harmonie in Einklang zu bringen und im Fluss der eigenen Bestimmung zu leben: Kunstformen als Achtsamkeitsübungen und persönlichkeitsbildende Wege.*

Jenseits des Sichtbaren und der Perfektion – *yugen* und *wabisabi*

Im Zuge dieser kulturellen Entwicklung entwickelten sich in der japanischen Ästhetik zwei Konzepte, die unserer westlichen Kunstdenkweise eher fremd sind. Mit dem Begriff »yugen« verweist der Nō-Theaterdichter Zeami aus dem 14. Jahrhundert auf das Nicht-Sichtbare jenseits des gelebten Stückes, auf das unsichtbare Wesen der Dinge. So gestalten Kalligraphien mit ihren reduzierten wenigen schwarzen Tuschestrichen eher das weiße Nichts des Papiers, als dass sie das gemalte Objekt hervorheben. Oder in den japanischen Haikus, den Kurzgedichten, umreißen wenige Worte ganze innere Welten und Stimmungen.

Eine Ergänzung zu dieser Kontemplation der Jenseitigkeit ist der Begriff »wabisabi«, der im 16. Jahrhundert vom japanischen

---

* Vgl. dazu Dirk Kropp/Christina Barandun: *Aikido – die friedfertige Kampfkunst zur Persönlichkeitsentfaltung*, München: Kösel, 2009, S. 141–145.

Tee-Meister und Mönch Sen no Rikyū verbreitet wurde. Ein Kunstwerk besitzt *wabisabi*, wenn es beim Betrachter oder Zuschauer das Gefühl der Wehmut, Sehnsucht und melancholischen Einsamkeit hervorruft angesichts der Vergänglichkeit der Welt, des ständigen Wandels und der Unvollkommenheit. Entsprechend ist es auch kein Kunstideal wie im Westen, Schönheit und Perfektion zu erlangen, sondern der Natur nachahmend im Unvollkommenen und sich ständig Wandelnden das Wesen der Welt zu erkennen, z. B. in einem verdorrten oder bemoosten Baumstamm, einer ungleichförmigen Tasse, einer Pause im Nō-Stück. Das Sehnen des Betrachters soll sich auf das im Schatten liegende kaum Wahrnehmbare richten.*

Die Kunst-*Wege*

Diese Verbindung aus praktischem Handwerk und Sinn für das Transzendente zeigt sich nicht nur im Ergebnis selbst, sondern vor allem auch in der Arbeitsweise der Kunstschaffenden. Ein traditioneller Schwertschmied in Japan beispielsweise unterzieht sich einer rituellen Reinigungszeremonie, bevor er mit seiner Arbeit beginnt. Seine Arbeit ist eine Verbindung höchster künstlerischer, technischer und kultischer Handlung zugleich: Er reinigt seinen Körper, zieht sich ein weißes Priestergewand an und sammelt seinen Geist im Gebet vor dem Götterschrein der Schmiede. Der Blick auf das Göttliche und damit Jenseitige ist ein Weg, sich zu konzentrieren und jegliches hinderliche kleingeistige Ego-Denken zu überwinden, zugleich die volle Inspirationskraft zu entfalten und sich ganz der Aufgabe hinzugeben.

Diese meditative Vertiefung wird heute oft auch als Flow-Zustand beschrieben.

---

* Vgl. Andrew Juniper: *Wabi sabi. The Japanese art of impermanence,* Tokyo/Vermont/Singapore: Tuttle Publishing, 2003.

Sowohl in den Kampfkünsten als auch in den Kunstwegen gilt es, in den alltäglichen Handlungen eine derartige meditative Dichte zu erlangen, dass sich ein anderer Raum öffnet. Und diese Dichte auf den Moment erfordert eine große persönliche Entwicklung: das eigene Ego zu überwinden, Ängste abzubauen, Mut und die innere Ruhe zu haben, sich zu zeigen, und einfach nur zu *sein*.

Diese Idee des ewigen Entwicklungsprozesses wird mit der Silbe *-dō* ausgedrückt (entsprechend dem chinesischen Schriftzeichen für Weg »Dào«). Sie verweist auf das Verständnis dieser Praktiken als Weg: *chadō* – der Teeweg, *kadō* – der Blumenweg (die Kunst des Blumensteckens), *shodō* – der Weg des Schreibens (Kalligraphie); in den Kampfkünsten gibt es Judo (*judō* = sanfter/flexibler Weg), Kendo (der Weg des Schwertes), Kyudo (*kyūdō* = Weg des Bogens) oder Aikido (Weg, die Lebensenergie zu harmonisieren).

Dieser Weg wird als eine Art heiligendes Handwerk betrachtet, das zu einer lebenslangen persönlichkeitsbildenden Übung werden kann (und soll).

Kunst als Handwerk

Im Westen könnten wir uns von dieser östlichen Haltung inspirieren lassen. Eine Möglichkeit, um sich aus dem Druck des Genietums zu lösen, könnte sein, die Kunst wieder als Handwerk zu verstehen; durchaus mit Anbindung an das Heilige, Transzendente oder einfach »Andere«, doch immer als pragmatisches Handwerk. Es kann für einen Künstler eine große innerliche Befreiung sein, wenn er seinen Beruf als handfestes Tun begreift, das er kontinuierlich und mit Gelassenheit ausübt und bis zu einem gewissen Grad als tägliche Arbeit ansieht, ohne es zu überhöhen oder zu vernachlässigen. Und er erkennt: Die Ausübung seines Berufes stellt einen Prozess dar, einen *Weg*, der ihn zur Meisterschaft führen kann.

Übung als Geisteshaltung

Gesellschaftlich geschätzte Geisteshaltungen in Japan sind Übungswilligkeit und Lernbereitschaft. Sich bemüht zu haben, ist bereits eine Tugend. Auch wenn sich hier die Frage der Effizienz stellt und es in der asiatischen Talentschmiede sicherlich eigene Probleme gibt, liegt in diesen Haltungen etwas, das uns im Westen als Vorbild dienen kann: die Idee der Selbstwirksamkeit (siehe Kapitel 2, S. 42 ff.).

Denn wer sich selbst als ewig werdender und lernwilliger Künstler begreift, wird sich weder hochmütig noch resignativ verhalten. Schwierigkeiten sind Teil des normalen Entwicklungsprozesses, wir müssen nicht auf geniale Einfälle warten, sondern wir können etwas tun, indem wir an uns arbeiten.

Aus der Haltung eines werdenden Künstlers können wir uns in Ruhe den Herausforderungen stellen, uns über Erfolge freuen, dankbar für alle Menschen und Umstände sein, die dazu beigetragen haben, und wieder auf die nächste Herausforderung zugehen.

Wenn etwas schiefgegangen ist, dann wissen wir, dass wir an der einen oder anderen Stelle etwas dazulernen, ändern oder mehr üben müssen. Ohne unseren Wert als Künstler infrage zu stellen, verstehen wir die Herausforderung als eine weitere Lernaufgabe, die wir von unserer künstlerischen Seele, die unsere Entwicklung fördert, gestellt bekommen haben. Und wir können sie mit Freuden dankbar annehmen.

In diesem Sinne ist auch *keiko* (稽古) gemeint, der japanische Begriff für Training oder Übung. Wörtlich bedeutet Keiko »über Altes nachsinnen«, »die eigene Haltung bedenken«. Keiko ist die fortwährende Aufforderung nach Selbstreflexion und Selbstbesinnung im wiederholten Tun.

Rituale als Formen der Vertiefung

Mit dem Gedanken der Übung kann selbst die zweihundertste Wiederholung der Ouvertüre von *Fidelio* zu einer Lebens- und Erkenntnisübung werden, sowohl für den beteiligten Künstler als auch für den Zuschauer.

Dass der Wiederholung eine eigene Kraft und eine eigene sinnstiftende Aufgabe innewohnt, zeigt sich an den vielfältigen Ritualen, die das Theaterleben prägen, wie das Toi-toi-toi-Wünschen und -»Spucken« über die linke Schulter, das Verbot, auf der Bühne zu pfeifen oder die sich selbst schminkende Primaballerina. Auch Konzerte oder Theatervorstellungen haben einen festgelegten und immer wiederkehrenden Ablauf – vom Klingelzeichen bis zur Verbeugung der Solisten/Schauspieler am Ende.

Bekannte und feste Strukturen geben Halt, um sich auf etwas konzentrieren und einlassen zu können. Es sind wiederkehrende, abgesprochene Verhaltensweisen, die wir allein oder in der Gruppe ausführen und die der inneren Ordnung oder auch als Erinnerungsstützen dienen. Ohne Rituale wären wir im Alltag emotional verloren.

Wenn wir Theatertexten zum wiederholten Male lauschen, bestimmte Bücher oder Gedichte immer wieder lesen, Musikstücke erneut hören, nehmen wir Vertrautes auf eine neue Art und Weise wahr und erkennen andere Facetten, die wir vorher nicht wahrgenommen haben. Die Texte und die Musik ändern sich nicht, und dennoch wirken sie auf uns aufgrund neuer Lebenserfahrungen jedes Mal anders und führen zu neuen Perspektiven. Das immer wiederkehrende Ritual ist ein Verortungspunkt, an dem wir uns und unseren inneren Wandel wahrnehmen können.

Tägliche Rituale wie Meditationssitzungen oder Gebete, die Tasse Kaffee am Nachmittag oder ein kurzer Schwatz mit guten Kollegen nach dem Mittagessen können ebenso Momente der

Besinnung, der Selbstreflexion und der Neuausrichtung sein. Aber vor allem geben Sie uns immer wieder Halt, damit wir uns in der Schnelllebigkeit nicht verlieren.

Hier könnte das Theater als sinnstiftendes Gemeinschafts-Ritual wieder eine neue Bedeutung erlangen. Je mehr sich unsere Welt in die Digitalisierung stürzt, virtuelle Teams bildet und global online arbeitet, desto mehr kann das Theater zu einem Ort physischer Erdung, der Begegnung und des Miteinanders und gleichzeitig inneren menschlichen Wachstums werden, zu einem Ort der Besinnung und der emotionalen Berührung. Ein Ort, der die künstlerische Kraft nutzt, um neue Denkprozesse, Lösungsideen oder zumindest verändernde Haltungen zu initiieren oder durch Vorbilder, Visionen und Seinsformen anregt.

Der »gelöste« Künstler – ein Wegbereiter

Für das Gemeinschaftserlebnis Theater braucht es nicht nur den Darsteller, der mit Hingabe und Freude überzeugend sein Handwerk ausführt. Der Funke, der den Flow erschaffen kann, bei dem auch das Publikum wie magisch hineingezogen wird, liegt nicht in der dargebotenen Schauspiel-, Tanz- oder Gesangstechnik, sondern in der inneren Einstellung des Darstellers, die er offenbart, und dessen lebendiger, überzeugender Verkörperung.

Die Kunst des Loslassens

Jeder Mensch ist einzigartig. Wir sind von Natur aus vollkommen und besitzen unsere individuelle Genialität von Geburt an. Die Aufgabe des Künstlers ist es nun, sich von allem zu lösen, so dass die reine Individualität zum Vorschein kommt, ohne Muster, ohne Allüren, ohne aufgesetztes Verhalten.

Wenn wir Authentizität verstehen als ein Durchschimmern zum Wesenskern, zum Göttlichen – ein Moment, in dem wir

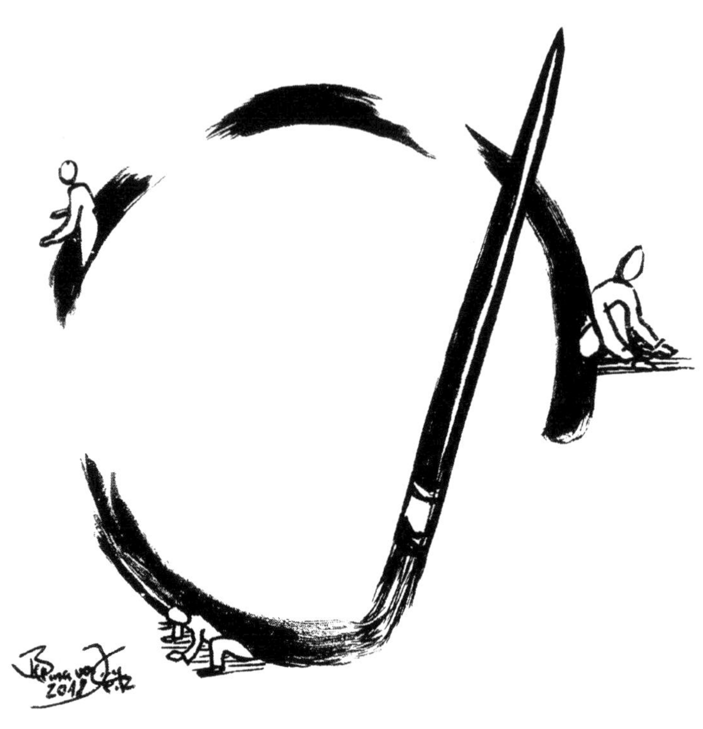

Das Eigene entdecken – »gelöste« Künstler

mit uns und der Situation im Reinen sind –, dann kann der Künstler ein Wegbereiter und ein Leitender sein.

In diesem Sinne sollen die vielen Tipps und Übungen aus den vergangenen Kapiteln konkrete Möglichkeiten aufzeigen, an sich selbst zu arbeiten, sich selbst zu überwinden und die Schattenseiten zu integrieren, damit die volle, eigene Strahlkraft zum Vorschein kommen kann.

Im Kern geht es beim Kunstschaffen um die Kunst des Loslassens. Loslassen von den eigenen Ängsten, von Erfolgswahn, Eitelkeiten, Darstellungssucht oder Minderwertigkeitsgedanken. Es ist die bewusste Vertiefung in die Aufgabe, kollektiv einen neuen, energetischen Raum zu schaffen, der das Publikum mit einbezieht. Dabei steht das Teilen und Einfließen-Lassen des Eigenen im Ganzen im Vordergrund.

Über Konkurrenzdenken und Leistungsdruck hinaus ist es die innere Aufgabe, sich wohlwollend in das Gemeinsame zu versenken; in gesunder Bescheidenheit, bei der die Lust auf Neues und die eigene Weiterentwicklung eine zentrale Rolle spielen.

Kunst zu schaffen ist ein Weg der Selbstentfaltung, ein Weg des tiefen Sehnens nach dem Sein.

Anregungen, wie Sie die Inhalte dieses Kapitel für sich nutzen können:

- Machen Sie sich bewusst, wo Sie sich »persönlich« im Weg stehen. Holen Sie sich von einem ehrlichen Freund oder einem engen Familienmitglied Rat oder nehmen Sie sich einen Coach, der mit Ihnen arbeitet. Diese menschlichen »blinden« Flecken sind meist künstlerische Goldadern, die zu einer neuen Dimension des eigenen Kunstschaffens und des eigenen Selbstverständnisses werden können, wenn sie gut bearbeitet werden.
- Betrachten Sie Ihren künstlerischen Beruf als Handwerk. Blicken Sie zurück und notieren Sie Ihre berufliche Ausbildung und beruflichen Erfahrungen als eine Art Lebenslauf und betrachten Sie diesen als *Weg.* Was waren die schönsten Erlebnisse? Was waren die schwersten Zeiten? Und was haben Sie aus diesen schwierigen Zeiten gelernt?
- Überlegen Sie sich, an welchen Stellen Sie Ihr Handwerk noch ausfeilen möchten und wie Sie dies umsetzen könnten.
- Achten Sie auf Ihre persönlichen Rituale im Alltag. Welche Rituale pflegen Sie und warum? Was lösen sie aus? Geben sie Ihnen Halt, wofür? Vertiefen Sie sich in ihre

Bedeutung, nehmen Sie bei der Ausführung Ihrer persönlichen Rituale auch bewusst Ihre Gedanken wahr.

- Welche Rituale pflegen Sie mit Ihren Kollegen, um eine bessere Arbeitsatmosphäre aufzubauen? Gehen Sie z. B. regelmäßig gemeinsam essen oder Kaffee trinken?
- Welche Rituale pflegen Sie in Bezug auf Ihr künstlerisches Handwerk? Führen sie diese gemeinsam mit Ihren Kollegen aus oder allein? An welchen Stellen könnten Sie neue hilfreiche Rituale entwickeln, um gemeinsam zu einer größeren Achtsamkeit im Umgang mit sich, den anderen und dem Publikum zu gelangen? Geeignete Rituale wären z. B. eine kurze »Cool-down-Runde« nach der Aufführung oder das bewusste Reinigen der Probebühne …
- *Seien Sie ehrlich zu sich selbst!*

Danksagung

»Und jedem Anfang wohnt ein Zauber inne …« Unser faszinierendes west-östliches Hermann-Hesse-Aikido-Projekt mit Schauspiel, Musik und Tanz kam zwar nie zustande, doch mit dem »Ja« von Yoshi Oida und Daniela Kurz zu meiner Projektidee begann mein Weg zurück in die Theaterwelt. Ihr Interesse und ihre Freude an meiner Arbeit gaben mir Mut, diesen neuen, beratenden Weg ins Theater einzuschlagen, der mich tagtäglich begeistert und zu diesem Buch geführt hat. Ganz herzlichen Dank!

Dass dieses Buch überhaupt vorliegt, ist in besonderem Maße meiner Lektorin Christin Heinrichs-Lauer zu verdanken. Mit großem Enthusiasmus hat sie sich von Anfang an für dieses Projekt eingesetzt. Ihre motivierende und engagierte Art, ihre konstruktiven Anmerkungen und ihr gekonntes Mitdenken sowie ihr Einfühlen in meine Gedankenwelt machten unsere Zusammenarbeit für mich zu einem wahren Genuss. Jederzeit fühlte ich mich in guten Händen. Vielen, vielen Dank!

Ebenso herzlich danke ich meinem Verleger Alexander Wewerka, dass er sich auf dieses ungewöhnliche Projekt eingelassen hat und für die Unterstützung seitens des Verlags. Besonderer Dank gilt Antje Wewerka für die kreative Umsetzung der Grafiken und die wunderbare Titelgestaltung.

Für die großartigen Illustrationen bedanke ich mich bei Bettina von Keitz, die den Theaterbetrieb aus erster Hand als Künstlerin und Theatermalerin kennt. Ihre intelligente, humorvolle Art, den Kern einer Aussage mit einer Zeichnung zu treffen und gleichzeitig dabei Bedeutungswelten zu öffnen, begeistert mich immer wieder.

Dieses Buch hätte nicht entstehen können ohne die vielen interessierten, kritischen und motivierten Seminarteilnehmer, die ich im Laufe meiner Arbeit kennenlernen durfte. Die Freude an den Themen, der Wunsch nach Unterstützung und die Begeisterung für gewisse Instrumente haben mich während des langen Prozesses des Schreibens immer wieder neu motiviert. Dank der vielfältigen Erfahrungen mit ihnen konnte ich leichter aus den zahlreichen möglichen Inhalten diejenigen herausfiltern, die sich für einen ersten Schritt als besonders wirksam und wichtig erwiesen haben, um »Erste Hilfe« zu leisten.

Aus tiefstem Herzen danke ich meinen lieben Freunden und Bekannten aus dem Theaterumfeld, die meinen Weg mit ihren Impulsen, Gedanken, Hinweisen und ihren eigenen Visionen und Wünschen für ein gesundes, kreatives Theater begleitet haben und immer noch begleiten. Besonders danken möchte ich Wolfgang Heuer für die vielen wunderbaren Begegnungen und Projekte, die er ermöglicht hat. Seine Tatkraft, seine unerschöpfliche Begeisterung und seine Fähigkeit, Menschen zu vernetzen, sind ein Gewinn für alle Theaterschaffenden. Ebenso gilt Hubert Eckart mein Dank, dessen Visionskraft und Energie, neue Wege nicht nur zu denken, sondern auch umzusetzen, mich in unseren vielen Gesprächen immer wieder beflügelt haben.

Und nicht zuletzt möchte ich mich bei Tanja Krischer für die vielen inspirierenden Gespräche bedanken, die mich seit meinen beruflichen Anfängen begleiten, und die tollen Projekte, die daraus entstanden sind. Ihre Weitsicht für aktuelle und anstehende brisante Themen, ihr Mut und ihre Besonnenheit, diese auf strukturierte, gelassene Art anzugehen, ihre Fähigkeit, Menschen zusammenzubringen und ihr Durchhaltevermögen in schwierigen Phasen sind unschätzbar für die Theaterwelt. Möge noch vieles mehr entstehen!

Jenseits des Theaters – und umso wichtiger! – danke ich meiner Familie und meinen Freunden dafür, dass sie jederzeit für mich da sind. Ich danke ihnen für ihre Liebe und Unterstützung in allen höheren und tieferen Lebenslagen und dafür, dass ich mit ihnen und an ihnen wachsen darf. Besonders danke ich Hermann dafür, dass er mir gerade zu Beginn Mut machte, meiner eigenen Arbeit zu vertrauen. Bei allem beruflichem »Drama« erinnert er mich mit seiner ruhigen, warmherzigen Klugheit immer wieder daran, was wirklich wichtig im Leben ist.

Literatur und Quellen

Bandura, Albert: *Self-efficacy: The exercise of control*, New York: W. H. Freeman, 1997

Barandun, Christina/Budde, Kerstin/Gause, Alina/Eckart, Hubert/Wanke, Eileen M.: *Handlungsleitfaden zur Gefährdungsbeurteilung psychischer Belastungen für Beschäftigte in der darstellenden Kunst*, Unfallkasse NRW, 2018

Barandun, Christina/Kropp, Dirk: *Aikido – die friedfertige Kampfkunst zur Persönlichkeitsentfaltung*, München: Kösel, 2009

Brockhaus Literatur, Leipzig/Mannheim: F. A. Brockhaus, 2004

Bundeszentrale für politische Bildung: *Lebenslanges Lernen – Geschichte eines bildungspolitischen Konzepts*. http://www.bpb.de, 2014

Covey, Stephen R.: *The 7 habits of highly effective people*, New York: Free Press, 1990/2004 (dt. *Die 7 Wege zur Effektivität: Prinzipien für persönlichen und beruflichen Erfolg*, Offenbach: Gabal, 2005/2014)

Cozolino, Louis: *Ein gesundes, alterndes Gehirn. Beziehungen stärken, Einsicht gewinnen*, Freiburg im Breisgau: Arbor, 2010

Csikszentmihàlyi, Mihaly: *Flow. The psychology of optimal experience*, New York: Harper & Row, 1991 (dt. *Flow. Das Geheimnis des Glücks*, Stuttgart: Klett-Cotta, 1992/2017)

Daimler, Reate/Sparrer, Insa/Verga von Kibéd, Matthias: *Basics der systemischen Strukturaufstellungen*, München: Kösel, 2008

Deutsche Gesetzliche Unfallversicherung Information 215–315: *Sicherheit bei Veranstaltungen und Produktionen*, Berlin, 2015

Deutscher Bühnenverein: Theaterstatistik 2013/2014, 49. Heft

Düwell, Marcus/Hübenthal, Christoph/Werner, Micha H. (Hg.): *Handbuch Ethik*, Stuttgart: J. B. Metzler, 2006

Glasl, Friedrich: *Selbsthilfe in Konflikten*, Bern: Haupt, 2015 (S. 96–118)

Harss, Claudia/Liebich, Daniela/Michalka, Markus: *Konfliktmanagement für Führungskräfte,* München: Franz Vahlen, 2011

Hüther, Gerald: »Wozu brauchen BeraterInnen Wissen über Hirnforschung?« In: Daimler, Reate/Sparrer, Insa/Verga von Kibéd, Matthias: *Basics der systemischen Strukturaufstellungen,* München: Kösel, 2008

Hüther, Gerald: *Biologie der Angst. Wie aus Streß Gefühle werden,* Göttingen: Vandenhoeck & Ruprecht, 2014

Hüther, Gerald: *Was wir sind und was wir sein könnten. Ein neurobiologischer Mutmacher,* Frankfurt: Fischer, 2014

Juniper, Andrew: *Wabi sabi. The Japanese art of impermanence*, Tokyo/Vermont/Singapore: Tuttle Publishing, 2003

Kabat-Zinn, Jon: *Gesund durch Meditation*, München: Knaur Menssana, 2013

Kahnemann, Daniel: *Schnelles Denken, langsames Denken*, München: Siedler, 2012

Kaluza, Gerd: *Stressbewältigung. Trainingsmanual zur psychologischen Gesundheitsförderung,* Berlin/Heidelberg: Springer-Verlag, 2015

Migge, Björn: *Handbuch Coaching und Beratung,* Weinheim/Basel: Beltz, 2005

Oida, Yoshi: *Zwischen den Welten*, Berlin: Alexander, 1993

Perlmutter, David: *Scheißschlau. Wie eine gesunde Darmflora unser Hirn fit hält,* München: Goldmann, 2016

Reivich, Karen/Shatté, Andrew: *The Resilience Factor*, New York: Three Rivers Press, 2003

Rosenberg, Marshall B.: *Gewaltfreie Kommunikation,* Paderborn: Junfermann, 2013

Roth, Gerhard/Ryba, Alica: *Coaching, Beratung und Gehirn*, Stuttgart: Klett-Cotta, 2016

Schulz von Thun, Friedemann: *Miteinander reden: 1. Störungen und Klärungen,* Hamburg: Rowohlt, 2008

Schulz von Thun, Friedemann: *Miteinander reden*: *2. Stile, Werte und Persönlichkeitsentwicklung*, Hamburg: Rowohlt, 2008

Servan-Schreiber, David: *Die neue Medizin der Emotionen. Stress, Angst, Depression: Gesund werden ohne Medikamente*, München: Goldmann, 2003

Simen, Joachim: *Stresscoaching II: Konfliktbewältigung,* Düsseldorf: IST-Studieninstitut, Studienheft, 2015 (S. 22 f.)

Simon, Walter: *Gabals großer Methodenkoffer. Grundlagen der Kommunikation*, Offenbach: Gabal, 2004

Watzlawick, Paul/Beavin, Janet H./Jackson Don D.: *Menschliche Kommunikation. Formen, Störungen, Paradoxien*, Bern: Hans Huber, 2011

Watzlawick, Paul: *Wie wirklich ist Wirklichkeit?*, München: Piper, 2017

Werther, Simon/Jacobs, Christian: *Organisationsentwicklung – Freude am Change*, Berlin/Heidelberg: Springer, 2014

Wertvolle Internetadressen:

www.dguv.de (Deutsche Gesetzliche Unfallversicherung)

www.gda-psyche.de (Arbeitsprogramm Psyche der Gemeinsamen Deutschen Arbeitsschutzstrategie)

www.ensemble-netzwerk.de

www.buehnenverein.de

www.dthg.de (Deutsche Theatertechnische Gesellschaft)

www.buehnengenossenschaft.de